Räägi
algse
häälega

„Teie, ilmamaa kuningriigid,
laulge Jumalale,
mängige Isandale kiitust, sela."
(Laul 68:33)

Räägi algse häälega

Dr. Jaerock Lee

Räägi algse häälega Autor: Dr Jaerock Lee
Kirjastaja: Urim Books (Esindaja: Johnny. H. Kim)
73, Yeouidaebang-ro 22-gil, Dongjak-gu, Söul, Korea
www.urimbooks.com

(Piiblitsitaadid: Piibel, Tallinn, 1997 – Eesti Piibliseltsi väljaanne; www.piibel.net)

Autoriõigus © 2015 Dr Jaerock Lee
ISBN: 979-11-263-1215-3 03230
Tõlke autoriõigus © 2013 Dr Esther K. Chung. Kasutatud autori loal.

Esmaväljaanne septembris, 2023

Eelnevalt kirjastatud korea keeles 2011 – Urim Books, Söul, Korea

Toimetaja: Dr Geumsun Vin
Kujundus: Urim Books kujundusmeeskond
Trükkija: Prione Printing
Lisateabeks võtke ühendust: urimbook@hotmail.com

Kirjastussõnum

Lootes, et lugejad saavad vastused ja õnnistused algse häälega, mis on täis loomistööd...

EMaailmas on palju liiki helisid. Seal on ilus lindude siristamine, süütu laste naer, rahva rõkkamine, bensiinimootori hääl ja muusikahelid. On helisid, mis on kuuldavas sagedusvahemikus, aga on ka muid helisid nagu ultraheli, mida inimesed ei suuda kuulda.

Kui helisagedus on liiga kõrge või liiga madal, ei suuda me seda kuulda, kuigi see on tegelikult olemas. Lisaks, on helisid, mida saab kuulda üksnes südamega. See on meie südametunnistuse hääle sarnane. Ja mis on kõige ilusam ja võimsam hääl? See on kõige lähtepunktist – Looja Jumalast – kõlav „algne hääl."

„Teie, ilmamaa kuningriigid, laulge Jumalale, mängige Isandale kiitust, sela" (Laul 68:33).

„...Ja vaata: Iisraeli Jumala auhiilgus tuli ida poolt. Selle kohin oli nagu suurte vete kohin, ja maa helendas Tema auhiilgusest." (Hesekiel 43:2).

Alguses kattis Jumal kogu universumi valgusega, milles sisaldus tohutu hääl (1. Johannese 1:5). Siis plaanis Ta „inimese kasvatamise", et saada tõelisi lapsi, kellega tõelist armastust jagada ja Ta hakkas eksisteerima Kolmainu Jumalana – Isa, Poja ja Püha Vaimu näol. Algne hääl sisaldus Pojas ja Pühas Vaimus, nii nagu see oli Isas.

Õige aja saabudes rääkis Kolmainu Jumal algse häälega, et luua taevad ja maa ja kõik neis olev. Ta ütles: „Saagu valgus!", „Veed kogunegu taeva all ühte paika, et kuiva näha oleks!", „Maast tärgaku
haljas rohi, seemet kandvad taimed, viljapuud, mille viljas on nende seeme, nende liikide järgi maa peale!", „Saagu valgused taevalaotusse eraldama päeva ööst!", „Vesi kihagu elavaist olendeist, ja maa peal lennaku linnud taevalaotuse poole!" (1. Moosese 1:3; 1:9; 1:11; 1:14; 1:20).

Seega, kogu loodu suudab kuulda Kolmainu Jumala väljaräägitud algset häält ja nad kuuletuvad sellele aega ja ruumi läbivalt. Neljas evangeeliumis vaikisid isegi elutud asjad nagu tuul ja lained, kui Jeesus rääkis algse häälega (Luuka 8:24-25). Kui Ta ütles halvatule: „Sinu patud on andeks antud!" ja „Tõuse püsti, võta oma kanderaam ja mine koju!" (Matteuse 9:5), mees tõusis püsti ja läks koju. Need, kes seda vaatepilti nägid, tundsid aukartust ja austasid Jumalat, kes andis inimestele niisuguse meelevalla.

Johannese 14:12 öeldakse: „Tõesti, tõesti, ma ütlen teile, kes usub minusse, see teeb neidsamu tegusid, mida mina teen, ja ta teeb nendest hoopis suuremaid, sest mina lähen Isa juurde." Aga kuidas me saame täna kogeda algse hääle tegusid? Me võime lugeda Apostlite tegudest, et inimesi kasutati Jumala tööriistadena, et Jumala väge ilmutada võrdväärselt sellega, mil määral nad vabanesid oma südames olnud kurjusest, et endis pühadust välja arendada.

Peetrus ütles sünnist saadik käimisvõimetule mehele sõna Jeesuse Kristuse, naatsaretlase, nimel ja võttis tal käest kinni. Siis mees tõusis ja käis ja hüppas. Kui Ta ütles Tabiitale, kes oli surnud: „Tõuse!", ta elustus. Apostel Paulus elustas surnud noormehe Eutühhuse ja kui ta ihult võeti palverätikuid või põllesid ja pandi haigete peale, lahkusid neist haigused ja kurjad vaimud läksid ära.

Käesolev teos Räägi algse häälega on viimane raamat „Pühaduse ja väe" seeriast. Seal näidatakse teile, kuidas kogeda Jumala väge algse hääle kaudu. See on samuti sissejuhatuseks Jumala tegelikesse väetegudesse, et lugejad võiksid seda põhimõtet oma igapäevaelus rakendada. Seal on ka „Piiblinäited", mis aitavad lugejatel mõista vaimumaailma ja palvevastuste saamise põhimõtteid.

Ma tänan Geumsun Vini – Toimetusbüroo direktorit ja selle töötajaid ja palun Isanda nimel, et võimalikult paljud saaksid palvevastused ja õnnistused loomistegusid ilmutavat algset häält kogedes.

Jaerock Lee

Eessõna

Jumal lasi meil koguduse kasvades 1993-2004 vahemikus pidada „Kahenädalast jätkuvat spetsiaalset äratuskoosolekut." Nende koosolekutega sai Jumal koguduseliikmetele vaimset usku anda ja lasta neil vilksamisi näha headuse, valguse, armastuse ja Jumala väe mõõdet. Aastate möödudes lasi Jumal neil oma elus kogeda ruumi- ja ajavälist loomise väge.

Neil äratuskoosolekutel jutlustatud sõnumitest koostati „Pühaduse ja väe" seeria. Räägi algse häälega raamatus räägitakse meile mõnest sügavalt vaimsest asjast, mis ei ole laialdaselt teatav olnud – nagu näiteks Jumala päritolu, algsed taevad, algse hääle kaudu ilmnevad väeteod ja kuidas neid tegelikus elus kogeda.

1. peatükis „Päritolu" selgitatakse, kes on Jumal, kuidas Ta

eksisteeris ja kuidas ja miks Ta lõi inimolendid. 2. peatükis „Taevad" selgitatakse tõsiasja, et on mitu taevast ja et Jumal valitseb neid kõiki. Sealsega kinnitatakse Aarami väepealiku Naamani näite varal jätkuvalt, et me võime igale probleemile vastused saada, kui me lihtsalt usume seda Jumalat. 3. peatükis „Kolmainu Jumal" räägitakse, miks algne Jumal jagas ruumi ja hakkas eksisteerima Kolmainu Jumalana ja mis on igaühe osa Kolmainsuses.

4. peatükis „Õigus" arutletakse Jumala õiguse üle ja sellest, kuidas selle õigusega kooskõlas vastused saada. 5. peatükis „Kuulekus" räägitakse Jeesusest, kes kuuletus Jumala Sõnadele täiesti ja väidetakse, et Jumala töö kogemiseks tuleb meilgi Jumala Sõnadele kuuletuda. 6. peatükis „Usk" esitatakse väide, et kuigi kõik usklikud ütlevad, et nad usuvad, on palvevastuste määr erinev ja seal õpetatakse ka, mida meil tuleb teha, et demonstreerida niisugust usku, mis võib pälvida Jumala täieliku usalduse.

7. peatükis „Kelleks teie mind peate?" räägitakse meie palvevastuste saamise teest Peetruse näitel, keda lubati õnnistada, kui ta tunnistas kogu südamest, et Jeesus oli Isand. 8. peatükis „Mida sa soovid, et ma sulle teeksin?" selgitatakse sammhaaval, kuidas pime mees sai oma palvevastuse. 9. peatükis

„Teile sünnib teie usku mööda" näidatakse väepealiku vastuse saamise saladust ja tutvustatakse meie koguduse tegeliku elu juhtumeid.

Ma palun Isanda nimel, et iga lugeja mõistaks selle raamatu varal Jumala algupära ja Kolmainu Jumala tööd ning saaks kõik palvevastused õigusega kooskõlas oleva kuulekuse ja usu kaudu, et nad võiksid Jumalat austada.

2009, aprill
Geumsun Vin,
Toimetusbüroo direktor

Sisukord

Kirjastussõnum

Eessõna

Piiblinäited I

Sündmused, mis leidsid aset, kui esimeses taevas avanes
värav, mis viis teise taevasse

Piiblinäited II

Kolmas taevas ja kolmanda mõõtme ruum

Piiblinäited III

Neljandat taevast valdava Jumala vägi

# *1. peatükk* Päritolu

> **"**
>
> Kui me mõistame Jumala päritolu
> ja inimsoo eksistentsi teket,
> võime me täita kogu inimese kohust.
>
> **"**

Jumala päritolu

Algne Jumal plaanis inimese kasvatamise

Kolmainu Jumala kuju

Jumal lõi inimesed, et tõelisi lapsi saada

Inimese päritolu

Eluseemned ja eostumine

Kõikvõimas Looja Jumal

„Alguses oli Sõna
ja Sõna oli Jumala juures ja Sõna oli Jumal.“

———————————

(Johannese 1:1)

Tänapäeval taotlevad paljud inimesed tähendusetuid asju, sest neil puudub teadmine universumi alguse või seda valitseva tõelise Jumala kohta. Nad teevad lihtsalt seda, mis neile meeldib, sest nad ei saa aru, miks nad maa peal elavad – elu tõelisest eesmärgist ja väärtusest. Kõigele vaatamata, nad elavad elu, mis kõigub nagu rohi, sest neil puuduvad teadmised oma päritolu kohta.

Aga me võime uskuda Jumalat ja elada oma elu, täites „kogu inimkohust", kui me saame aru Kolmainu Jumala päritolust ja inimeksistentsi tekkest. Aga milline päritolu on Kolmainu Jumalal – Isal, Pojal ja Pühal Vaimul?

Jumala päritolu

Johannese 1:1 räägitakse Jumalast alguses, nimelt – Jumala päritolust. Millist aega mõeldakse siinse „algusega"? See oli aeg enne igavikku, mil kogu universumi ruumis ei olnud kedagi teist peale Looja Jumala. Kogu universumi ruum ei tähista ainult nähtavat universumit. Peale universumi ruumi, milles meie elame, on olemas ka kirjeldamatult avaraid ja mõõtmatuid ruume. Looja Jumal oli kogu universumis, kuhu kuulusid kõik need ruumid, enne igaviku algust üksinda olemas.

Kuna kõigel maapealsel on piirid ja algus ning lõpp, ei

suuda enamik inimestest „igavikueelse" mõistest lihtsalt aru saada. Aga võib-olla Jumal oleks võinud öelda: „Alguses oli Jumal", aga miks Ta ütles: „Alguses oli Sõna"? See sündis, sest sel ajal ei olnud Jumalal „kuju" ega „väljanägemist", mis Tal on nüüd.

Selle maailma inimestel on piirangud, seega nad tahavad alati mingit olulist vormi või kuju, mida nad võiksid näha ja puudutada. Sellepärast nad teevad erinevaid ebajumalakujusid, mida kummardada. Aga kuidas võivad inimeste valmistatud ebajumalad saada jumalaks, kes lõi taevad ja maa ja kõik seal olevad asjad? Kuidas nad saaksid jumalaks, kes valitseb elu, surma, õnne, ebaõnne ja isegi inimajalugu?

Jumal oli Sõna kujul algusest saadik olemas, aga kuna inimesed peaksid Jumala eksistentsi äratundmiseks suutelised olema, võttis Ta omale kuju. Seega, kuidas eksisteeris Jumal, kes oli alguses Sõna? Ta eksisteeris ilusa valguse ja suurepärase häälena. Ta ei vajanud nime ega kuju. Ta oli olemas häält sisaldava valgusena ja valitses kogu universumi ruumi. Johannese 1:5 öeldu alusel on Jumal valgus. Ta kattis valguse ja selles sisalduva häälega kõiki ruume kogu universumis ja see hääl on Johannese 1:1 mainitud „Sõna."

Algne Jumal plaanis inimese kasvatamise

Õige aja saabudes tegi algusest saadik Sõna kujul olemas olnud Jumal plaani. See oli „inimese kasvatamise" plaan. Lihtsamalt öeldes, see oli inimeste loomise ja nende paljuneda laskmise plaan, et mõned neist tuleksid esile tõeliste jumalalastena, kes on Jumala sarnased. Siis viib Jumal nad taevariiki, kus nad elavad igavesti õnnelikult Temaga armastust jagades.

Pärast selle plaani väljamõtlemist rakendas Jumal selle sammhaaval ellu. Esiteks, Ta jaotas kogu universumi. Ma selgitan teises peatükis ruumi puudutavat lähemalt. Tegelikult oli tegu lihtsalt ainsa ruumiga ja Jumal jagas kogu selle ruumi inimese kasvatamise vajadusele vastavalt mitmeks ruumiks. Ja pärast ruumide jaotust leidis aset väga tähtis sündmus.

Enne algust oli olemas üks Jumal, aga Jumal hakkas eksisteerima Kolmainsusena – Isa, Poja ja Püha Vaimuna. Isast Jumalast oleksid otsekui sündinud Jumala Poeg ja Jumala Püha Vaim. Seetõttu nimetatakse Piiblis Jeesust Jumala ainusündinud Pojaks. Ja Heebrealastele 5:5 öeldakse: „Sina oled mu Poeg, täna ma sünnitasin Sinu."

Jumala Pojal ja Jumala Pühal Vaimul on sama süda ja vägi, sest nad tulevad ühest Jumalast. Kolmainsus on kõige poolest sama. Sellepärast öeldakse Filiplastele 2:6-7 Jeesuse kohta: „...kes, olles Jumala kuju, ei arvanud osaks olla Jumalaga võrdne, vaid loobus iseenese olust, võttes orja kuju, saades inimese sarnaseks; ja Ta leiti välimuselt inimesena."

Kolmainu Jumala kuju

Alguses oli Jumal olemas valguses sisalduva Sõna näol, aga Ta võttis inimese kasvatamiseks omale Kolmainu Jumala kuju. Me võime ette kujutada Jumala kuju, kui me mõtleme sündmusele, mille käigus Jumal lõi inimese. 1. Moosese 1:26 öeldakse: „Ja Jumal ütles: „Tehkem inimesed oma näo järgi, meie sarnaseks, et nad valitseksid kalade üle meres, lindude üle taeva all, loomade üle ja kogu maa üle ja kõigi

roomajate üle, kes maa peal roomavad!" Siin tähistab „meie" Isa, Poja ja Püha Vaimu Kolmainsust ja me saame aru, et meid loodi Kolmainu Jumala kuju järele.

Siin öeldakse: „Tehkem inimesed oma näo järgi, meie sarnaseks" ja me saame ka aru, missugune on Kolmainu Jumala kuju. Muidugi, Jumala kuju järgi inimeste loomine ei tähenda ainult, et me näeme välispidiselt Jumala moodi välja. Inimene loodi ka sisemuse poolest Jumala kuju järgi. Ta täideti seespidiselt headuse ja tõega.

Aga esimene inimene Aadam tegi sõnakuulmatuse pattu ja siis ta kaotas loomise ajal saadud esmase kuju. Ja ta korrumpeerus ja määrdus patu ja kurjuse läbi. Seega, kui me tõesti mõistame, et meie ihu ja süda loodi Jumala kuju järgi, tuleks meil see Jumala kadumaläinud kuju taastada.

Jumal lõi inimesed, et tõelisi lapsi saada

Pärast ruumi jaotust hakkas Kolmainu Jumal ühekaupa vajalikke asju looma. Näiteks, kui Ta eksisteeris valguse ja hääle kujul, ei vajanud Ta omale eluaset. Aga pärast kuju võtmist vajas Ta eluaset ja end teenivaid ingleid ja taevavägesid. Seega Ta lõi esiteks vaimumaailma vaimsed olendid ja siis lõi Ta kõik asjad universumis, kus me elame.

Ta ei loonud meie ruumis olevaid taevaid ja maad otsekohe pärast kõige vaimumaailmas oleva loomist. Pärast seda kui Kolmainu Jumal lõi vaimumaailma, oli Ta seal taevavägede ja inglitega piiramatult kaua elanud. Pärast nii pikka ajavahemikku lõi Ta kõik füüsilises ruumis oleva. Ja alles pärast seda, kui Ta oli loonud kogu keskkonna, kus inimolendid said elada, lõi Ta inimese oma näo järgi.

Aga miks Jumal lõi inimese, isegi kui olid olemas arvukad inglid ja taevaväed, kes Teda teenisid? See sündis, sest Ta tahtis tõelisi lapsi saada. Tõelised lapsed on need, kes on Jumala sarnased ja kes saavad Jumalaga tõelist armastust jagada. Välja arvatud mõned spetsiaalsed erandjuhud, taevaväed ja inglid kuuletuvad ja teenivad tingimusteta, otsekui robotid. Kui vanemate ja laste peale mõelda, ei armastaks ükski lapsevanem kuulekaid roboteid rohkem kui oma lapsi. Vanemad armastavad oma lapsi, sest nad saavad üksteist tahtlikult armastada.

Kuid inimolendid suudavad oma vabast tahtest Jumalale kuuletuda ja Teda armastada. Muidugi, inimesed ei suuda kohe pärast sündimist Jumala südant lihtsalt mõista ja Temaga armastust jagada. Nad peavad kasvades paljut kogema, et nad võiksid Jumala armastust tunda ja kogu inimese kohust mõista. Ainult need inimesed suudavad Jumalat kogu südamest armastada ja Tema tahtele kuulekad olla.

Sellised inimesed ei armasta Jumalat, kuna nad on selleks sunnitud. Nad ei kuuletu Jumala sõnadele kättemaksu kartusest. Nad lihtsalt armastavad Jumalat ja tänavad Teda oma vabast tahtest. Ja niisugune suhtumine ei muutu. Jumal plaanis inimese kasvatamise, et saada tõelisi lapsi, kellega armastust jagada ning südamest anda ja vastu võtta. Selleks lõi Ta esimese inimese – Aadama.

Inimese päritolu

Aga milline on inimeste päritolu? 1. Moosese 2:7 öeldakse: „Ja Isand Jumal valmistas inimese, kes põrm on, mullast, ja puhus tema ninasse eluhinguse: nõnda sai inimene elavaks hingeks." Seega, inimesed on spetsiaalsed olendid, kes liiguvad kaugemale kõigest, mida Darwini evolutsiooniõpetus tunnistab. Inimolendid ei arenenud alamatest loomadest ega jõudnud tänapäeva tasemele. Inimesed loodi Jumala näo järgi ja Jumal hingas neisse eluõhu. See tähendab, et nii vaim kui ihu tulid Jumala käest.

Seega, inimesed on ülevalt tulnud vaimsed olendid. Me ei tohiks end lihtsalt teistest loomadest veidi enam arenenud loomadeks pidada. Kui me vaatame fossiile, mida esitatakse evolutsiooni tõendina, ei ole vahepealseid fossiile, mis suudaksid eri liike ühendada. Aga teisest küljest, loomise kohta on palju rohkem tõendeid olemas.

Näiteks, kogu inimsool on kaks silma, kaks kõrva, üks nina ja üks suu. Ja need asetsevad samas kohas. Ja see ei kehti vaid inimsoo kohta. Peaaegu kõigil loomaliikidel on enam-vähem samasugune kehaehitus. See tõendab, et kõik elusolendid on ainsa Looja kavandatud. Sellele lisaks, tõsiasi, et kogu universum toimib täiuslikult korrapäraselt ja veatult, tõendab Jumala loomingut.

Tänapäeval arvavad paljud, et inimolendid arenesid loomadest ja seega nad ei saa aru, kust nad tulid ja miks nad siin elavad. Aga kui me saame aru, et me oleme pühad olendid, kes loodi Jumala näo järgi, suudame me aru saada, kes on meie Isa. Siis püüame me loomupäraselt Ta Sõna järgi elada ja Temale sarnaneda.

Me võime oma füüsilist isa oma isaks pidada. Aga kui me

vaatame genealoogiat, siis oli esimene füüsiline isa esimene inimene Aadam. Seega, me võime aru saada, et meie tõeline Isa on Jumal, kes lõi inimolendid. Algselt andis Jumal ka eluseemne. Selles mõttes laenasid meie vanemad lihtsalt oma ihu töövahendiks, et need seemned ühineksid ja meie eostuksime.

Eluseemned ja eostumine

Jumal andis eluseemne. Ta andis meestele sperma ja naistele munaraku, et nad saaksid lapsi sünnitada. Selles mõttes ei suuda inimesed oma võimetega lapsi ilmale tuua. Jumal andis neile eluseemne, et nad seda teha suudaksid.

Eluseemnes sisaldub kõiki inimese organeid valmistada suutva Jumala vägi. Nad on liiga väiksed, et neid silmaga näha, aga neisse on koondatud isiksus, välimus, harjumused ja elujõud. Seega, kui lapsed sünnivad, ei sarnane nad oma vanematele vaid välimuse, aga ka isiksuse poolest.

Kui inimestel on laste ilmale toomise võime, miks siis on olemas viljatuid abielupaare, kellel esineb lastesaamise raskusi? Eostumine on vaid Jumala teha. Tänapäeva kliinikutes tehakse kunstlikku viljastamist, aga inimesed ei suuda kunagi luua spermat ja munarakku. Loomise vägi on rangelt Jumala pärusmaa.

Paljud usklikud, mitte ainult meie koguduses, vaid samuti teistes maades, kogesid seda Jumala loomisväge. Oli samuti palju paare, kes ei saanud abielu ajal kaua last – isegi 20 aasta jooksul. Nad püüdsid kõiki olemasolevaid meetodeid, kuid edutult. Aga palve tagajärjel sündisid paljudele neist terved lapsed.

Mitme aasta eest osales üks Jaapanis elav abielupaar siinsel äratuskoosolekul ja võttis vastu minu palve. Nad ei saanud lihtsalt oma haigusest terveks, vaid nad said ka eostumise õnnistuse. Need uudised levisid ja paljud inimesed Jaapanist tulid, et ma nende eest palvetaksin. Nad ei saanud üksnes haigustest terveks, vaid nad said ka eostumise õnnistuse. Need uudised levisid ja Jaapanist tuli veelgi rohkem inimesi, et lasta endi eest palvetada. Nemadki said oma usule vastavalt eostumise õnnistuse. Selle tagajärjel rajati selles piirkonnas harukogudus.

Kõikvõimas Looja Jumal

Tänapäeval võib näha arenenud meditsiiniteaduse edusamme, kuid elu on võimalik üksnes kogu elu valitseja – Jumala väega luua. Tema väega elustati surmasuus olijad, haiglast surmaotsuse saanud tervenesid, paljud teaduse kaudu või inimlike ravimitega ravimatud haiged said terveks.

Jumala väljarääkitud algne hääl suudab midagi eimillestki luua. See suudab ilmutada väetegusid, mille jaoks ei ole midagi võimatut. Roomlastele 1:20 öeldakse: „Tema nähtamatu olemus, Tema jäädav vägi ja jumalikkus on ju maailma loomisest peale nähtav, kui mõeldakse

Tema tehtule, nii et nad ei saa endid vabandada." Lihtsalt kõige selle nägemisega saame me näha kõige allika – Looja Jumala – väge ja jumalikku loomust.

Kui inimesed püüavad Jumalat oma teadmiste raames mõista, on nad kindlasti piiratud. Sellepärast ei usu paljud Piiblisse kirjapandut. Samuti, mõned ütlevad, et nad usuvad, kuid nad ei usu täiesti kõike Piiblisse kirjapandut. Kuna Jeesus teadis seda inimlikku olukorda, kinnitas Ta kuulutatud Sõna paljude väetegudega. Ta ütles: „Te usute mind ainult siis, kui näete tunnustähti ja imetegusid" (Johannese 4:48).

Tänapäeval on samamoodi. Jumal on kõikvõimas. Kui me usume seda kõikvõimast Jumalat ja usaldame Teda täiesti, võib iga probleem laheneda ja inimesed saavad igast haigusest terveneda.

Jumal hakkas looma kõike oma Sõnaga, öeldes: „Saagu valgus!" Kui Looja Jumala algse häälega räägitakse, hakkavad pimedad nägema ja ratastoolides ja karkudel olijad käivad ja hüppavad. Ma loodan, et te saate Jumala algse häälega rääkides usu läbi iga palvevastuse ja soovitu.

Emmanuel Marallano Yaipen (Lima, Peruu)

AIDS'i hirmust
vabanemine

2001. aastal tehti mulle sõjaväkke minekuks arstlik läbivaatus ja ma kuulsin sõnu: „Sa oled HIV-positiivne." See oli täiesti ootamatu uudis. Ma tundsin end neetult.

Ma ei suhtunud sagedasse kõhulahtisusse väga tõsiselt.

Ma lihtsalt istusin toolis ja tundsin end väga abitult.

„Kuidas ma oma emale sellest räägin?"

Mul oli valus, aga mu süda valutas veelgi rohkem, kui ma mõtlesin oma ema peale. Mul esines kõhulahtisus veelgi sagedamini ja mu suus ja sõrmeküünte all oli hallitus. Surmahirm hakkas mind vähehaaval üha enam valdama.

Kuid siis ma kuulsin, et 2004. aasta detsembris tuleb Peruusse Lõuna-

Korea vägev jumalasulane. Aga ma ei suutnud uskuda, et ma võiksin haigusest terveneda.

Ma andsin alla, aga vanaema julgustas mind väga koosolekusarjal osalema. Lõpuks ma läksin „Campo de Marte" nimelisse kohta, kus toimus „Rev Dr Jaerock Lee Peruu 2004. aasta ühendkoosolekusari." Ma tahtsin selle viimase lootusekiire külge klammerduda.

Mu ihu värises juba sõnumit kuulates Püha Vaimu väe all. Püha Vaimu töö sai ilmsiks rea imede näol.

Rev Dr Jaerock Lee ei palvetanud igaühe eest, aga ta palvetas lihtsalt kogu rahva eest. Ja ikkagi väga paljud tunnistasid, et nad said terveks. Paljud inimesed tõusid ratastoolidest ja viskasid oma kargud minema. Paljud rõõmustasid, et nad tervenesid ravimatutest haigustest.

Minulegi sündis ime. Ma läksin pärast koosolekusarja lõppu tualetti ja urineerisin esimest korda üle pika aja normaalselt. Kõhulahtisus lakkas kaks ja pool kuud hiljem. Mu ihu tundus väga kerge. Ma olin

kindel, et ma olin terveks saanud ja läksin haiglasse. Diagnoos näitas, et CD4 immuunrakkude hulk oli suurenenud nii märkimisväärselt, et see oli normaalses vahemikus.

AIDS on ravimatu haigus, mida kutsutakse kaasaja mustaks surmaks. HIV jätkab CD4 immuunrakkude hävitamist. Selle tagajärjeks on äärmiselt vähene immuunrakkude toimimine, mis põhjustab komplikatsioone ja lõpuks surma.

CD4 immuunrakud surid ja see on tõesti hämmastav, et nad taastusid Rev Dr Jaerock Lee palve peale.

Erakordsed asjad väljavõte

 # Taevad

"
Algne Jumal elab neljandas taevas
ja valitseb kõiki taevaid,
esimest, teist
ja kolmandat taevast.
"

Palju taevaid

Esimene taevas ja teine taevas

Eedeni aed

Kolmas taevas

Neljas taevas – Jumala eluase

Kõikvõimas Looja Jumal

Kõikvõimas Jumal läheb inimlikest piiridest
kaugemale

Kõikvõimsa Looja Jumalaga kohtumine

*„Sina üksi oled Isand, Sina oled teinud taeva, taevaste taevad
ja kõik nende väe, maa ja kõik, mis selle peal on, mered ja kõik, mis
neis on. Sina annad neile kõigile elu ja taevavägi
kummardab Sind. "*

(Nehemja 9:6)

Jumal on inimlikest piirangutest kaugemal. Ta on igavikust igavikuni olemas. Maailm, kus Ta elab, on ruumis, mille mõõtmed erinevad täiesti selle maailma omadest. Nähtav maailm, kus inimesed elavad, on füüsilises sfääris ja ruum, kus Jumal elab, on vaimses sfääris. Vaimumaailm on kindlasti olemas, kuid inimestel on kalduvus selle olemasolu lihtsalt eitada, kuna see ei ole füüsiliste silmadega nähtav.

Üks teatud astronaut ütles minevikus: „Ma rändasin läbi universumi, kuid Jumalat ei olnud seal." See on väga rumal kommentaar! Tema arvates on nähtav universum kõik, mis on olemas. Aga astronoomidki suudavad ainult öelda, et isegi see nähtav universum on piiritu. Kui palju see astronaut nägi tohutut universumit, et ta oleks Jumala olemasolu eitada saanud? Me ei suuda oma inimlike piirangutega selgitada isegi kõike selles universumis, kus me elame.

Palju taevaid

Nehemja 9:6 öeldakse: „Sina üksi oled Isand, Sina oled teinud taeva, taevaste taevad ja kõik nende väe, maa ja kõik, mis selle peal on, mered ja kõik, mis neis on. Sina annad neile kõigile elu ja taevavägi kummardab Sind." Seal öeldakse meile, et ei ole olemas ainult üks taevas, vaid mitu.

Aga kui palju taevaid on tegelikult olemas? Kui te usute taevariiki, arvate te tõenäoliselt, et taevaid on kaks. Üks on füüsilise maailma taevas ja teine on taevariik, mis on vaimumaailma Taevas. Aga Piiblis mainitakse mitmes kohas mitut taevast.

„Temale, kes sõidab taevaste taevas, mis on muistsest ajast!"
(Laul 68:33).

„Aga kas Jumal tõesti peaks elama maa peal? Vaata, taevas ja taevaste taevas ei mahuta sind, veel vähem siis see koda, mille ma olen ehitanud!" (1. Kuningate 8:27)

„Ma tean ühte inimest Kristuses, keda neljateistkümne aasta eest - kas ta oli ihus, seda ma ei tea, või kas ta oli ihust väljas, seda ma ei tea, Jumal teab - tõmmati kolmanda taevani" (2. Korintlastele 12:2).

Apostel Pauluse kolmandasse taevasse võtmine räägib meile, et on olemas esimene, teine ja kolmas taevas ja võib olla veelgi rohkem taevaid.

Samuti, Stefanos ütles Apostlite tegudes 7:56: „Ennäe, ma näen taevaid avanevat ja Inimese Poja seisvat Jumala paremal käel." Kui inimeste vaimusilmad on avatud, suudavad nad vaimumaailma näha ja saada aru taevariigi olemasolust.

Tänapäeval ütlevad isegi teadlased, et on olemas palju taevaid. Üks juhtivatest teadlastest selles valdkonnas on kosmoloog Max Tegmark, kes tutvustas neljatasemelise multiversumi mõistet.

Sellega öeldakse sisuliselt, et kosmoloogiliste vaatluste alusel on meie universum osa kogu universumist, kus eksisteerivad multiversumid ja iga universum võib olla täiesti erinevate füüsiliste karakteristikutega.

Erinevad füüsilised karakteristikud tähendavad, et aja ja ruumi karakteristikud võivad olla väga erinevad. Muidugi, teadus ei suuda kõike vaimusfääri puudutavat selgitada. Aga isegi teaduslik lähenemine annab meile vähemalt aimduse tõsiasjast, et meie universum ei ole kõik, mis on olemas.

Esimene taevas ja teine taevas

Paljusid taevaid saab üldiselt kaheks alaliigiks liigitada. On vaimumaailma Taevas, mida ei saa füüsiliste silmadega näha ja taevas, mis on füüsilises maailmas, kus me elame. Füüsiline universum, kus me elame, on esimene taevas ja teisest taevast edasi on tegu vaimusfääriga. Teises taevas on valguseala, kus asub Eedeni aed ja pimeduseala, kus asuvad kurjad vaimud.

Efeslastele 2:2 öeldakse, et kurjad vaimud on „õhuvalla vürst" ja see „õhk" kuulub teise taevasse. 1. Moosese 3:24 öeldakse, et Jumal pani hommikupoole (idasse) Eedeni aeda keerubi ja tuleleegina sähviva mõõga, et need valvaksid elupuu teed.

„Ja Ta ajas Aadama välja ja pani hommikupoole Eedeni rohuaeda keerubid ja tuleleegina sähviva mõõga, et need valvaksid elupuu teed."

Aga miks Jumal pani nad idasse? See sündis, sest „ida" on nagu piir kurjade vaimude maailma ja Jumalale kuuluva Eedeni aia vahel. Jumal valvas aeda, et takistada kurjade vaimude võimalikku sissetungi aeda, et nad ei sööks elupuust ega saaks omale igavest elu.

Enne kui Aadam sõi hea ja kurja tundmise puust, oli tal Jumalalt saadud meelevald valitseda Eedeni aeda ja kõike esimeses taevas olevat. Aga Aadam aeti aiast välja, sest ta ei kuuletunud Jumala Sõnale ja sõi teadmiste puust. Sestsaadik pidi keegi teine valvama Eedeni aega, kus asus elupuu. Sellepärast pani Jumal Aadama asemel aeda valvama keerubi ja tuleleegina sähviva mõõga.

Eedeni aed

1. Moosese 2. peatükis, pärast seda, kui Jumal lõi Aadama maapõrmust, tegi Ta Eedeni aia ja pani sinna Aadama. Aadam oli „elusolend" ehk „elav vaim." Ta oli vaimne olend, kes sai Jumalalt eluhinguse. Sellepärast viis Jumal ta teise taevasse, mis on vaimne ruum, et ta seal elaks.

Jumal õnnistas teda ka, et ta alistaks kõik endale ja valitseks kõike, kui ta esimesest taevast maa peale läks. Aga pärast seda, kui Aadam patustas Jumalale mitte kuuletudes, suri ta vaim ja ta ei saanud enam vaimses ruumis elada. Siis ta aeti sealt välja, maa peale.

Need, kes seda fakti ei mõista, püüavad ikka veel maa pealt Eedeni aeda leida, sest nad ei mõista, et Eedeni aed asub teises taevas, mis on vaimumaailmas ja mitte selles füüsilises maailmas.

Giza püramiidid Egiptuses, mis on üks maailmaimedest, on niivõrd keerukad ja suurejoonelised, et nad ei näi isegi inimliku tehnoloogiaga tehtud olevat. Iga kivikamaka keskmine kaal on 2,5 tonni. Ja püramiid koosneb 2,3 miljonist kivikamakast. Kust nad said kõik need kivid? Samuti, milliseid tööriistu nad kasutasid, et neid sel ajal ehitada?

Aga kes need püramiidid ehitas? Sellele küsimusele on lihtne vastata, kui me mõistame, et on palju taevaid ja vaimne ruum. Seda on 1. Moosese raamatu teemalistes loengutes üksikasjalikumalt selgitatud. Aga kui Aadam aeti sõnakuulmatuse tõttu Eedeni aiast välja, kes seal aias praegu elab?

1. Moosese raamatus 3:16 ütles Jumal Eevale pärast ta patustamist: „Sinule ma saadan väga palju valu, kui sa lapseootel oled." „Suurendamine" tähendab, et varem oli esinenud sünnitusvalu, mis suurenes väga palju. Samuti, 1. Moosese 1:28 öeldakse, et Aadam ja Eeva „paljunesid", mis tähendab, et Eeva sünnitas Eedeni aias elamise ajal lapsi.

Seega, Aadamal ja Eeval oli Eedeni aias elamise ajal arvukaid lapsi. Ja nad elavad seal ikka edasi isegi pärast seda, kui Aadam ja Eeva aeti patu tõttu aiast minema. Lihtsalt enne Aadama patustamist said Eedeni aias olevad inimesed maa peale vabalt minna, aga pärast Aadama väljaajamist hakkasid kehtima piirangud.

Esimese ja teise taeva vaheline aja ja ruumi mõiste on väga erinev. Ka teises taevas on ajakulg, kuid see ei ole nii piiratud kui esimeses taevas – meie füüsilises maailmas. Eedeni aias ei vanane ega sure keegi. Miski ei hävi ega sure välja. Eedeni aias olevad inimesed ei tunne isegi pika aja jooksul aja erinevust. Nad tunnevad, otsekui nad elaksid ajas, mis ei kulge. Samuti on Eedenis piiramatu ruum.

Kui inimesed ei sureks esimeses taevas, oleks see ühel päeval rahvast täis. Aga kuna teises taevas on piiramatult ruumi, ei täitu see iialgi inimestega, hoolimata sellest, kui palju neid ka ei sünniks.

Kolmas taevas

On olemas veel üks taevas, mis kuulub vaimumaailma. See on kolmas Taevas, kus Jumala päästetud lapsed igavesti elavad. Apostel Paulus sai Isandalt selged ilmutused ja nägemused ja ütles 2. Korintlastele 12:2-4: „Ma tean ühte inimest Kristuses, keda neljateistkümne aasta eest – kas ta oli ihus, seda ma ei tea, või kas ta oli ihust väljas, seda ma ei tea, Jumal teab - tõmmati kolmanda taevani. Ja ma tean, et sama inimest - kas ta oli ihus või ihust lahus, seda ma ei tea, Jumal teab - tõmmati paradiisi ja ta kuulis öeldamatuid sõnu, mida inimene ei tohi rääkida."

Täpselt nii nagu igal maal on pealinn ja väiksemad linnad ja isegi veelgi väiksemad linnakesed, on taevariigis palju elukohti, alates Uue Jeruusalemma linnast, kus asub Jumala troon, kuni paradiisini, mida saab pidada taevariigi äärealaks. Meie elukohad erinevad vastavalt sellele, kui palju me armastasime Jumalat ja mil määral me maa peal olles kasvatasime omale tõesüdant ning taastasime Jumala kadumaläinud kuju.

Kolmandas taevas on teise taevaga võrreldes isegi vähem ajalisi ja ruumi piiranguid. Seal on igavikuaeg ja lõputu ruum. Esimeses taevas elavatel inimolenditel on raske taevariigi ruumi ja aega mõista. Vaatleme õhupalli. Enne sinna õhu puhumist on õhupalli suurus ja maht piiratud. Aga see võib märkimisväärselt muutuda, sõltuvalt sinna puhutavast õhukogusest. Taevariigi ruum on selle sarnane. Maapealseks majaehituseks on vaja maad ja ruum, mida me selle maa peale luua saame, on piiratud. Aga kolmanda taeva ruumis saab maju maapealsega võrreldes väga erinevalt ehitada, kuna ala, mahu, pikkuse ja kõrguse mõiste on maapealsest palju suurem.

Neljas taevas – Jumala eluase

Neljas taevas on algne ruum, kus Jumal oli enne algust olemas, enne kui Ta jagas kogu universumi mitmeks taevaks. Neljandas taevas on aja ja ruumi mõiste kasutamine tähendusetu. Neljas taevas läheb igasugusest aja ja ruumi mõistest kaugemale ja selles kohas sünnib otsekohe kõik, mida Jumal oma mõttes soovib.

Ülestõusnud Isand ilmus oma jüngritele, kes kartsid juute ja peitsid end majas, mille kõik uksed olid lukustatud (Johannese 20:19-29). Ta ilmus keset maja, kuigi keegi ei avanud Talle ust. Ta ilmus samuti Galileas olnud jüngritele nähtamatusest ja sõi nendega (Johannese 21:1-14). Ta oli maa peal nelikümmend päeva ja läks siis paljude inimeste nähes pilvedest läbi, Taevasse. Me võime näha, et ülestõusnud Jeesus Kristus võis füüsilisest ruumist ja ajast kaugemale liikuda.

Aga kuivõrd enam oleksid asjad niimoodi neljandas taevas, kus algne Jumal kunagi viibis? Täpselt nii nagu Temas oli häält sisaldava valgusena olemas kogu universumi ruum, mida Ta valitses, valitseb Ta kogu esimest, teist ja kolmandat taevast, elades ise neljandas taevas.

Kõikvõimas Looja Jumal

See maailm, kus inimolendid elavad, on väga väike kübe, võrreldes muude ruumikate ja saaduslike taevastega. Maa peal teevad inimesed kõikvõimalikku, et elada paremat elu, läbides igasuguseid raskeid olukordi ja raskusi. Neile on maapealsed asjad väga keerukad ja probleeme on raske lahendada, aga Jumalale ei ole miski probleemiks.

Oletame, et keegi jälgib sipelgate maailma. Vahel on sipelgatel väga raske toitu kanda. Aga inimene võib selle sipelgapessa väga lihtsalt panna. Kui sipelga teele jääb loik, mis on talle ületamiseks liiga suur, võib inimene sipelga käe peale võtta ja ta teisele poole maha panna. Ükskõik kui suur mingi probleem sipelgatele ka ei oleks, inimesele on see pisiasi. Samamoodi, Kõikvõimsa Jumala abiga ei ole miski probleemiks.

Vanas Testamendis antakse väga palju kordi tunnistust Jumala kõikvõimsuse kohta. Kõikvõimsa Jumala väega lahknes Punane meri ja Jordani jõevool peatus. Päike ja kuu seisid paigal ja kui Mooses lõi oma sauaga kaljut, purskus sellest välja vesi. Hoolimata sellest, kui palju väge ja rikkust ja teadmisi inimesel ka poleks, kas tal on võimalik lõhestada merd ja peatada kuud ja päikest? Kuid Jeesus ütles Markuse 10:27: „Jeesus ütles neile otsa vaadates: „Inimeste käes on see võimatu, mitte aga Jumala käes, sest Jumala käes on kõik võimalik."

Ka Uues Testamendis esitatakse palju juhtumeid, kus haiged ja puudega inimesed said terveks ja täielikuks ja isegi surnud äratati ellu Jumala väega. Kui Paulust puudutanud palverätid või põlled pandi haigetele peale, lahkusid haigused ja kurjad vaimud.

Kõikvõimas Jumal läheb inimlikest piiridest kaugemale

Isegi tänapäeval, kui me lihtsalt saaksime Jumala väest abi, ei oleks miski probleemiks. Isegi näiliselt kõige raskemad probleemid ei oleks enam probleemiks. Ja seda tõendatakse iga nädal koguduses, kus ma teenin. Väga paljud on tervenenud ravimatutest haigustest, kaasa arvatud AIDS, kui usklikud kuulavad ülistuskoosolekutel Jumala Sõna ja võtavad vastu tervenduspalve.

Arvukad inimesed mitte ainult Lõuna-Koreas, vaid ka kõikjal maailmas, on kogenud Piiblisse kirja pandud hämmastavat tervendustööd. Ükskord tutvustati neid tegusid CNN-is. Lisaks on meil abipastoreid, kes palvetavad palverätikutega, mille eest ma varem palvetanud olen. Niisuguste palvete kaudu sünnivad hämmastavad rassi- ja kultuurivälised tervendusteod.

Minugi puhul lahenesid kõik mu eluprobleemid pärast Looja Jumalaga kohtumist. Mul oli nii palju haigusi, et mu hüüdnimeks pandi „haiguste kaubamaja." Mu peres ei olnud rahu. Mul ei olnud ainsatki lootusekiirt. Aga ma tervenesin igast haigusest hetkel, kui ma koguduses põlvitasin. Jumal õnnistas mind ja ma sain tasuda raha, mida ma võlgu olin. Summa oli nii suur, et seda tundus eluaja jooksul võimatu tasuda, aga ma sain selle lihtsalt mõne kuuga tasutud. Mu peres taastus õnn ja rõõm. Kõige tähtsam oli see, et Jumal kutsus mind pastoriks ja andis mulle väe arvukate hingede pääsemisele toomiseks.

Tänapäeval räägivad väga paljud, et nad usuvad Jumalat, ent leidub väga väheseid, kes elavad tõelise usuga. Kui neil esineb probleem, tuginevad nad Jumalast sõltumise asemel enamasti inimlikele meetoditele. Nad tunnevad nördimust ja on pettunud, kui probleemid ei lahene nende meetoditega. Kui nad haigestuvad, ei vaata nad Jumala peale, vaid sõltuvad arstidest haiglas. Kui neil esinevad töised raskused, otsivad nad abi siit ja sealt.

Mõned usklikud kurdavad Jumala üle või kaotavad füüsiliste raskuste tõttu usu. Nad muutuvad usus ebapüsivaks ja kaotavad selle täiuse, kui neid kiusatakse taga või kui nad eeldavad ausameelse käitumise tõttu mingit kahju. Aga kui nad usuvad, et

Jumal lõi kõik taevad ja et Tema teeb kõik võimalikuks, ei tee nad kindlasti niimoodi.

Jumal lõi igasugused inimolendite siseorganid. Kas leidub mingit tõsist haigust, mida Jumal ei suudaks ravida? Jumal ütles: „Minu on hõbe ja minu on kuld, ütleb vägede Isand." (Haggai 2:8). Kas Ta ei saa oma lapsi rikkaks teha? Jumal suudab kõike teha, aga inimesed tunnevad end heidutatult või aralt ja jätavad tõe, sest nad ei usalda Kõikvõimast Jumalat. Hoolimata sellest, missugune probleem inimesel võib olla, ta suudab selle alati lahendada, kui ta tõesti usaldab Jumalat kogu südamest ja toetub Temale.

Kõikvõimsa Looja Jumalaga kohtumine

Väepealik Naamani loos 2. Kuningate 5. peatükis õpetatakse meile, kuidas saada kõikvõimsalt Jumalalt lahendused oma probleemidele. Naaman oli Aarami väepealik, kuid ta ei saanud oma pidalitõve suhtes midagi ette võtta.

Ühel päeval kuulis ta noorelt heebrea teenijannalt Jumala väest, millega Iisraeli prohvet Eliisa tegutses. Ta oli paganarahva seast ja ei uskunud Jumalat, aga ta ei eiranud tütarlapse sõnu, sest tal oli hea süda. Ta valmistas ette väärtuslikud ohvriannid, et kohtuda jumalamehe Eliisaga ja alustas pikka teekonda.

Aga kui ta jõudis Eliisa kotta, ei palvetanud prohvet ta eest ega tervitanud teda. Prohvet lasi vaid oma sulasel edastada sõnum, et Naaman kastaks oma ihu seitse korda Jordani jõkke. Esiteks ta solvus, aga varsti ta muutis meelt ja kuuletus. Kuigi Eliisa teod ega sõnad ei tundunud talle mõistuspärased, usaldas ta ja kuuletus neile, sest need olid Jumala väega tegutseva Jumala prohveti poolt välja räägitud sõnad.

Kui Naaman kastis end seitse korda Jordani jõkke, tervenes ta imeväel täielikult pidalitõvest. Aga mida sümboliseerib ihu Jordani jõkke kastmine? Vesi on Jumala Sõna. See tähendab, et inimesele andestatakse ta patud, kui ta puhastab oma südame Jumala Sõna abil mustusest, nii nagu ta puhastab oma ihu veega. Kuna number seitse tähistab täiust, tähistab seitse korda vette kastmine täielikku andestust.

Nii nagu selgitatud, selleks, et inimesed saaksid kõikvõimsa Jumala käest vastuse, peab Jumala ja meie vaheline suhtlustee olema avatud meie pattude andestuse kaudu. Jesaja 59:1-2 öeldakse: „Vaata, Isanda käsi ei ole päästmiseks lühike ega ole Ta kõrv kuulmiseks kurt, vaid teie süüteod on teinud vahe teie ja teie Jumala vahele, teie patud varjavad Tema palge teie eest, sellepärast Ta ei kuule."

Kui me ei tunne Jumalat ja ei ole Jeesust Kristust vastu võtnud, tuleb meil meelt parandada, et me pole Jeesust Kristust vastu võtnud (Johannese 16:9). Jumal ütleb, et me oleme tapjad, kui me vihkame oma vendi (1. Johannese 3:15) ja meil tuleb meelt parandada sellest, et me pole oma vendi armastanud. Jakoobuse 4:2-3 öeldakse: „Te himustate, ja teil ei ole; te taplete ja tapate, ja ei suuda midagi saavutada; te tülitsete ja sõdite. Teil ei ole, sest te ei palu. Te palute, aga ei saa, sest te palute halva jaoks, tahtes seda kulutada oma lõbudeks." Seega, meil tuleb meelt parandada sellest, et me oleme ahnusest ja kaheldes palvetanud (Jakoobuse 1:6-7).

Peale selle, kui me ei rakenda oma usku tunnistades Jumala Sõna ellu, tuleb meil põhjalikult meelt parandada. Me ei tohiks lihtsalt öelda, et meil on kahju. Me peame oma südame täiesti lõhki rebima, pisaraid valades ja nina nohistades. Meie meeleparandust saab pidada tõeliseks ainult siis, kui meil on kindel kavatsus Jumala Sõna järgi elada ja tegelikult seda oma ellu rakendada.

5. Moosese raamatus 32:39 öeldakse: „Nähke nüüd, et see olen mina, ainult mina, ega ole ühtki jumalat minu kõrval! Mina surman ja teen elavaks, mina purustan ja mina parandan ega ole kedagi,

kes päästaks minu käest." See on Jumal, keda me usume.

Jumal lõi kõik taevad ja kõik seal sisalduva. Ta teab kõiki meie olukordi. Ta on piisavalt vägev, et me kõigile palvetele vastata. Hoolimata sellest, kui meeleheitlikus või masendavas olukorras inimesed ka ei oleks, suudab Tema kõik otsekui münti visates ümber pöörata. Seega, ma loodan, et te saate palvevastused ja et teie südamesoovid täituvad, kui teil on tõeline usk ja te toetute vaid Jumalale.

Dr. Vitaliy Fishberg (New York City, Ameerika Ühendriigid)

Imede toimumiskohas

Enne Moldaavia meditsiinikooli lõpetamist olin ma peatoimetaja meditsiiniajakirjas „Teie perearst", mis on tuntud Moldaavias, Ukrainas, Venemaal ja Valgevenes. 1997. aastal kolisin ma Ameerika Ühendriikidesse. Ma tegin loodusravi meditsiini doktorikraadi, kliinilise toitumise ja integreeruva meditsiini PhD, alternatiivmeditsiini doktorikraadi, ortomolekulaarse meditsiini doktorikraadi ja minust sai audoktor loodusliku terviseteaduse alal. Kui ma tulin pärast õpingute lõppu New Yorki, sain ma vene kogukonnas väga kiiresti tõesti kuulsaks ja minu artikleid avaldati iganädalaselt paljudes ajalehtedes. 2006. aastal ma kuulsin, et Madison Square Gardenis toimub suur kristlik koosolek. Mul oli võimalus kohtuda Manmini koguduse delegatsiooniga ja ma tundsin nende kaudu Püha Vaimu väge. Kahe nädala pärast ma osalesin koosolekusarjas.

Rev Dr Jaerock Lee palvetas osalejate eest pärast „Miks Jeesus on meie Päästja" teemalist jutlust. „Isand, tee nad terveks! Isa Jumal, kui mu kuulutatud sõnum ei ole tõene, ära lase mul täna mingeid väetegusid teha! Aga kui see on tõene, lase väga paljudel hingedel näha tõendeid elavast Jumalast. Las jalust vigased käia! Las need, kes ei kuule, kuulda! Kõik ravimatud haigused, põlege ära Püha Vaimu tules! Olge terved!"

Ma olin sellist palvet kuuldes vapustatud. Mis siis, kui ainsatki jumalikku tervenemist ei oleks toimunud? Kuidas ta võis nii enesekindlalt palvetada? Kuid hämmastavad asjad sündisid juba isegi enne haigete eest tehtud palve lõppu. Inimesed, kes kannatasid kurjade vaimude tõttu, said vabaks. Tummad hakkasid rääkima. Pimedatest said nägijad. Väga paljud inimesed tunnistasid, et nad tervenesid kuulmiskahjustustest. Paljud tõusid ratastoolidest ja viskasid oma kargud ära. Mõned neist tunnistasid, et nad tervenesid AIDS-ist.

Koosolekusarja jätkudes ilmnes Jumala vägi veelgi rohkem. Paljudest maadest tulnud Ülemaailmse Kristlike Arstide Võrgu WCDN-i arstid panid tunnistuste vastuvõtmiseks püsti laua. Nad püüdsid tunnistusi meditsiiniliselt tõendada ja lõpuks oli meil puudu arstidest, kes oleksid saanud registreerida kõiki tervenemisest tunnistust andnud inimesi!

Nubia Cano'l, 54-aastasel Queens'is elaval naisel diagnoositi 2003. aastal lülisambavähk. Ta ei suutnud liikuda ega käia. Ta veetis kogu aja voodis ja piinav valu sundis teda iga kahe tunni tagant morfiinisüste saama. Arst ütles, et ta ei saa enam kunagi käia.

Kui ta osales sõbraga „Rev Dr Jaerock Lee 2006. aasta New York'i koosolekusarjal", nägi ta, kuidas paljud võtsid Jumalalt tervenemise vastu ja talle hakkas tekkima usk. Kui ta võttis vastu Rev Lee palve, tundis ta kogu ihus soojust ja tal oli tunne nagu keegi oleks ta selga masseerinud. Seljavalu kadus ja koosolekusarjast alates suudab ta käia ja kummarduda! Arst oli lihtsalt hämmastunud teda nähes – keegi, kes ei oleks kunagi käima pidanud, kõndis nii vabalt kui iganes võimalik. Ta suudab nüüd isegi Merengue'i muusika saatel tantsida.

Brooklyn'is elaval Maximillia Rodriguez'el oli väga halb nägemine. Ta kandis 14 aastat kontaktläätsi ja viimase 2 aasta jooksul prille.

WCDN-i arstid tunnistusi tõendamas

Koosolekusarja viimasel päeval võttis ta usu läbi vastu Rev Dr Jaerock Lee palve ja sai otsekohe aru, et ta võis prillideta näha. Täna loeb ta Piiblist isegi kõige väiksemat kirja ja ei vaja prille. Tema silmaarst sai pärast ta silmanägemise vaieldamatut paranemist märgates ja kinnitades nähtu üle vaid hämmastust tunda.

Madison Square Garden, kus peeti 2006. aasta juulis toimunud koosolekusari, oli tõesti imede toimumiskoht. Ma tundsin Jumala väge tunnistades suurt meeleliigutust. Tema vägi muutis mind ja lasi mul näha uut elusuunda. Ma otsustasin, et minust saab Jumala tööriist, et Jumala tervendustööd meditsiiniliselt tõendada ja teha see kogu maailmas tuntuks.

- Väljavõte raamatust Erakordsed asjad -

3. peatükk Kolmainu Jumal

> "
> Jumal, keda me usume, on üks.
> Kuid Temas on kolm isikut:
> Isa, Poeg ja Püha Vaim.
> "

,, Minge siis, tehke jüngriteks kõik rahvad,
ristides neid Isa ja Poja ja Püha Vaimu nimesse. "

———————————————

(Matteuse 28:19)

Kolmainu Jumal tähendab, et Isa Jumal, Jumala Poeg ja Jumala Püha Vaim on samad. Jumal, keda me usume, on üks. Aga Temas on kolm isikut: Isa, Poeg ja Püha Vaim. Ja ometi, kuna nad on üks, ütleme me „Kolmainu Jumal" või „Jumala Kolmainsus."

See on väga oluline kristluse õpetus, kuid leidub vaevu kedagi, kes suudaks seda täpselt ja üksikasjalikult selgitada. See on nii, kuna piiratud mõtlemise ja teooriatega inimestel on väga raske Looja Jumala päritolu mõista. Aga nii palju kui me mõistame Kolmainu Jumalat, suudame me Ta südant ja tahet selgemini mõista ja Temaga suheldes õnnistusi ja palvevastuseid saada.

Jumala ettehoole inimese kasvatamiseks

Jumal ütles 2. Moosese 3:14: „MA OLEN SEE, KES MA OLEN." Keegi ei sünnitanud ega loonud Teda. Ta oli lihtsalt algusest saadik olemas. Ta on inimese arusaamisest ja ettekujutusest suurem. Tal ei ole algust ega lõppu. Ta on lihtsalt igavikust igavikuni olemas. Nii nagu varem selgitatud, Jumal oli tohutusuures ruumis üksinda olemas valgusena, milles sisaldub kumisev hääl (Johannese 1:1; 1. Johannese 1:5). Kuid teatud ajahetkel tahtis Ta kedagi, kellega armastust jagada ja tegi tõeliste laste saamiseks inimese kasvatamise plaani.

Inimese kasvatamise teostamiseks jagas Jumal kõigepealt ruumi ära. Ta jagas ruumi vaimseks ja füüsiliseks ruumiks, millest sai elukoht füüsilise ihuga inimestele. Pärast seda hakkas Ta eksisteerima Kolmainu Jumalana. Algne Jumal hakkas eksisteerima kolmes isikus: Isa, Poja ja Püha Vaimuna.

Piiblis öeldakse, et Jumala Poeg Jeesus Kristus sündis Jumalast (Apostlite teod 13:33) ja Johannese 15:26 ning Galaatlastele 4:6

öeldakse, et Püha Vaim tuli samuti Jumalast. Alter ego loomise sarnaselt tulid Poeg Jeesus ja Püha Vaim Isa Jumalast. See oli inimese kasvatamiseks vältimatult vajalik.

Poeg Jeesus ja Püha Vaim ei ole Jumala loodud olendid, aga nad on algne Jumal ise. Neil on üks päritolu, kuid nad eksisteerivad inimese kasvatamiseks iseseisvalt. Neil on erinev roll, aga nende süda, mõtted ja vägi on üks ja sellepärast me kutsume neid Kolmainu Jumalaks.

Kolmainu Jumala iseloom ja kord

Nii nagu Isa Jumal, on ka Poeg Jeesus ja Püha Vaim kõikvõimsad. Ka Poeg Jeesus ja Püha Vaim tunnevad ja soovivad seda, mida Isa Jumal tunneb ja soovib. Vastupidiselt, Isa Jumal tunneb Poeg Jeesuse ja Püha Vaimu rõõmu ja valu. Ja ometi, need kolm isikut on iseseisvad olemused, kellel on oma iseloom ja neil on samuti erinevad rollid.

Teisalt, Poeg Jeesus sai sama Isa Jumala südame, kuid Ta jumalikkus on Ta inimlikkusest tugevam. Seega, Ta jumalik väärikus ja õiglus on väljapaistvamad. Teisest küljest, mis puudutab Püha Vaimu – Tema inimlikkus on tugevam. Ta õrn, lahke, halastav ja kaastundlik iseloom on esileküündivam.

Nii nagu selgitatud, Jumala Poeg ja Jumala Püha Vaim on Isa Jumalaga päritolu poolest üks, aga nad on iseseisvad isikud ja neil on hästi eristuvad iseloomud. Nende rollid on korrakohaselt samuti erinevad. Pärast Isa Jumalat on Poeg Jeesus Kristus ja Pojale järgneb Püha Vaim. Ta teenib Poega ja Isa armastusega.

Kolmainu Jumala rollid

Kolmainsuse kolm isikut on inimese kasvatamise teenistuses ühiselt tegevad. Igaüks neist kolmest isikust etendab täielikult oma osa, aga vahel teenivad nad inimese kasvatamise väga tähtsates kohtades üheskoos.

Näiteks, 1. Moosese 1:26 öeldakse: „Ja Jumal ütles: „Tehkem inimesed oma näo järgi, meie sarnaseks." Me võime järeldada, et Kolmainu Jumal lõi inimolendid üheskoos, endi sarnaseks. Samuti, kui Jumal tuli Paabeli torni üle vaatama, tuli Ta kolme isikuna. Kui inimesed hakkasid ehitama Paabeli torni, soovides saada Jumala sarnaseks, segas Kolmainu Jumal nende keeled.

1. Moosese 11:7 öeldakse: „Mingem nüüd alla ja segagem seal nende keel, et nad üksteise keelt ei mõistaks." Siin on „meie" esimese isiku mitmuses ja me võime näha, et Kolmainu Jumala kolm isikut olid üheskoos. Nii nagu selgitatud, kolm isikut tegutsesid vahel üheskoos, aga tegelikult tegutsesid nad eraldi osades, et inimese kasvatamise ettehoole teostuks Loomisest kuni inimolendite päästmiseni. Aga milline osa on igal Kolmainu Jumala isikul individuaalselt?

Poeg Jeesus avab päästetee

Poja Jeesuse osa oli saada Päästjaks ja teha patustele päästetee. Ajast, mil Aadam sõi sõnakuulmatuse tõttu Jumala poolt keelatud vilja, tuli inimolenditesse patt. Siis vajasid inimolendid pääsemist.

Ja nad olid vaimumaailma alusel, mis ütleb, et patu palk on surm, määratud minema igavesse surma ja põrgutulle. Kuid

Jumala Poeg Jeesus tasus patuste surmakaristuse, et nad ei peaks põrgusse sattuma.

Kuid miks pidi Jumala Poeg Jeesus saama kogu inimkonna Päästjaks? Täpselt nii nagu igal maal on oma seadused, on vaimumaailmas oma seadus ja Päästjaks ei saa lihtsalt igaüks hakata. Seda teed saab teha vaid siis, kui isik vastab kõigile tingimustele. Mis tingimused tuleb siis täita Päästjaks saamiseks ja pattude tõttu surma mõistetud inimkonnale pääsemise tee tegemiseks?

Esiteks, Päästja peab olema inimene. 1. Korintlastele 15:21 öeldakse: „Et surm on tulnud inimese kaudu, siis tuleb ka surnute ülestõusmine inimese kaudu." Kirjutatu kohaselt, kuna surm tuli inimestesse inimese Aadama sõnakuulmatuse kaudu, peab ka pääsemine tulema Aadama sarnaselt inimese kaudu.

Teiseks, Päästja ei või olla Aadama järglane. Kõik Aadama järglased on patused, kes on sündinud isadelt päritud pärispatuga. Ükski Aadama järglane ei saa Päästjaks hakata. Aga Jeesus eostati Pühast Vaimust ja Ta ei ole Aadama järglane. Tal ei ole vanematelt päritud pärispattu (Matteuse 1:18-21).

Kolmandaks, Päästjal peab olema vägi. Selleks, et patuseid vaenlase kuradi käest lunastada, peab Päästjal olema vägi ja vaimne vägi seisneb patuta olekus. Tal ei või olla pärispattu ja Ta ei või teha mingit pattu ning peab põhjalikult Jumala Sõnale kuuletuma. Ta peab olema ilma igasuguse vea ja plekita.

Viimaseks, Päästjal peab olema armastus. Isegi kui keegi vastab kõigile kolmest ülalmainitud omadusest, ei sureks ta teiste inimeste patu eest, kui tal ei oleks armastust. Siis ei pääseks inimkond iialgi. Seega, Päästjal peab olema armastus, et patuse inimkonna eest surmakaristust kanda.

Film „Kristuse kannatused" kujutas Jeesuse kannatusi väga hästi. Jeesust piitsutati ja Ta liha rebiti lahti. Ta löödi kätest ja jalust naeltega risti ja Ta kandis peas okaskrooni. Ta pandi ristile ja kui Ta viimast korda hinge tõmbas, torgati Ta külge ja Ta valas kogu oma vee ja vere. Ta kandis kõiki neid kannatusi, et meid lunastada kõigist ülekohtustest tegudest, pattudest, haigustest ja nõrkustest.

Aadama patust alates ei olnud ükski inimene vastanud kõigile neljast tingimusest. Esiteks, Aadama järglased pärivad sündides oma esivanemate käest pärispatu. Ja keegi ei ole elanud täiesti Jumala käsuseaduse kohaselt ega kunagi patustanud. Suure võlaga inimene ei saa teiste võlga maksta. Samamoodi, pärispatuga ja ise pattu teinud patused ei saa päästa teisi inimolendeid, kes on patused. Sellepärast valmistas Jumal enne aegade algust varjul olnud saladuse, nimelt Jumala Poja Jeesuse.

Jeesus vastas kõigile Päästja tingimustele. Ta sündis maa peale inimese ihusse, aga Teda ei eostatud mehe sperma ja naise munaraku ühinemise teel. Neitsi Maarja jäi lapseootele Pühast Vaimust. Seega, Jeesus ei olnud Aadama järglane ja Tal ei olnud pärispattu. Ja Ta kuuletus kogu oma eluaja jooksul täielikult käsuseadusele ega teinud ise üldsegi mingit pattu.

See täiuslikult tingimustele vastav Jeesus löödi risti ohvrimeelsest armastusest patuste vastu. Ja seega, inimolendid said Tema vere läbi oma pattude andekssaamise võimaluse. Kui Jeesus ei oleks Päästjaks hakanud, oleksid Aadamast alates kõik inimolendid põrgusse läinud. Samuti, kui igaüks oleks põrgusse läinud, ei oleks inimese kasvatamise eesmärgile jõutud. See tähendab, et keegi ei oleks saanud taevariiki minna ja sellele vastavalt ei oleks Jumal tõelisi lapsi saanud.

Sellepärast valmistas Jumal Poja Jeesuse, kes pidi inimese kasvatamise eesmärgiks teostama Päästja osa. Igaüks, kes usub Jeesust, kes suri meie eest ristil ja oli patuta, võib saada oma patud andeks ja talle antakse jumalalapseks saamise õigus.

Püha Vaim teostab pääste

Järgmiseks, Püha Vaimu osa on täide viia Poeg Jeesuse kaudu saadud inimeste pääsemine. See on nagu ema, kes imetab ja kasvatab vastsündinut. Püha Vaim paneb usu nende südamesse, kes võtavad Isanda vastu ja juhatab neid, kuni nad jõuavad taevariiki. Ta jagab arvukad vaimud, kui Ta teostab oma teenistust. Püha Vaimu algne olemus on ühes kohas, aga arvukad Temast jagunenud vaimud teostavad sama südame ja väega samaaegselt igal pool maailmas teenistust.

Muidugi, Isa ja Poeg võivad jagada arvukaid vaime samuti nagu Püha Vaim. Jeesus ütles Matteuse 18:20: „Sest kus kaks või kolm on minu nimel koos, seal olen mina nende keskel." Me saame aru, et Jeesus saab oma algsest isikust arvukaid vaime jagada. Isand Jeesus ei saa olla usklikega oma algse isikuna igas kohas, kus nad Tema nimel kogunevad. Selle asemel jagas Ta vaimud, kes lähevad kõikjale ja on nendega.

Püha Vaim juhatab iga usklikku sama lahkelt ja armastavalt nagu imetav ema hoolitseb oma vastsündinu eest. Kui inimesed võtavad Isanda vastu, tulevad Pühast Vaimust jagunenud vaimud nende südamesse. Hoolimata sellest, kui palju inimesi Isanda vastu võtavad, saavad Pühast Vaimust jagunenud vaimud kõigi nende südamesse tulla ja seal elada. Kui see juhtub, ütleme me, et nad „võtsid vastu Püha Vaimu." Püha Vaimu elamine usklike südames aitab neil saada pääsemiseks vaimset usku ja Ta treenib eraõpetaja moodi nende usku, et see kasvaks täielikku mõõtu.

Ta juhatab usklikke usinalt Jumala Sõna õppima, oma südant Sõnale vastavalt muutma ja vaimset kasvu jätkama. Jumala Sõna järgi tuleb usklikel keevalisus tasaduseks ja vihkamine armastuseks muuta. Kui teis oli minevikus kadedust või armukadedust, tuleb teil nüüd rõõmustada teiste edust tões. Kui te varem olite kõrk, tuleb teil nüüd alandlik olla ja teisi teenida.

Kui te taotlesite minevikus omakasu, tuleb teil nüüd end surmani ohvriks tuua. Neile, kes teevad teile kurja, ei või te kurja teha, vaid teil tuleb nende südant headusega puudutada.

Ärge kustutage vaimu

Kui te isegi pärast Isanda vastuvõtmist ja mitu aastat usklik olemist elate ikka ebatõeselt, täpselt nii nagu te uskmatuna olite, ägab teis elav Püha Vaim väga. Kui me ärritume kergesti põhjuseta kannatamise pärast või kui me mõistame kohut oma usukaaslaste üle Kristuses ja taunime neid ning paljastame nende üleastumised, ei suudaks me meie pattude eest surnud Isanda ees seistes oma pead üleval hoida.

Oletame, et teile anti koguduses mingi tiitel nagu näiteks diakoni või kogudusevanema oma, kuid teil ei ole teistega rahu või te teete teiste elu raskeks või panete nad oma eneseõigusega komistama, siis kurvastab teis elav Püha Vaim väga. Kuna me võtsime Isanda vastu ja sündisime uuesti, peame me igasugusest kurjusest ja patust vabaneda püüdma ja iga päev usus kasvama.

Kui te elate isegi pärast Isanda vastuvõtmist ikkagi maailma pattudes ja teete surmaga lõppevat pattu, lahkub teis olnud Püha Vaim lõpuks ja teie nimi kustutatakse eluraamatust. 2. Moosese 32:33 öeldakse: „Aga Isand vastas Moosesele: „Kes minu vastu on pattu teinud,

selle ma kustutan oma raamatust."

Johannese ilmutuses 3:5 öeldakse: „Kes võidab, see riietatakse samamoodi valgete rõivastega. Mina ei kustuta tema nime eluraamatust ning ma tunnistan tema nime oma Isa ees ja Isa inglite ees." Neis salmides öeldakse, et isegi kui me oleme Püha Vaimu vastu võtnud ja meie nimed on eluraamatusse kirja pandud, võidakse neid sealt ka ära kustutada.

Samuti öeldakse 1. Tessalooniklastele 5:19: „Ärge kustutage Vaimu." Nii nagu öeldud, isegi kui te olete päästetud ja olete vastu võtnud Püha Vaimu, kui te ei ela tões, Püha Vaim kustub.

Püha Vaim elab iga uskliku südames ja juhatab teda pääsemist mitte kaotama, teda pidevalt tõe kohta valgustades ja õhutades teda Jumala tahte kohaselt elama. Ta õpetab meile patu ja õiguse kohta ja laseb meil teada, et Jumal on Looja, Jeesus Kristus on meie Päästja ja Taeva ja põrgu olemasolu ning tulevase kohtu kohta.

Püha Vaim palvetab meie eest Isa Jumala ees, täpselt nii nagu öeldakse Roomlastele 8:26: „Samuti tuleb ka Vaim appi meie nõtrusele: me ju ei tea, kuidas palvetada, nõnda nagu peab, kuid Vaim ise palub meie eest sõnatute ägamistega." Ta itkeb, kui jumalalapsed teevad pattu ja aitab neil meelt parandada ja oma teedelt pöörduda.

Ja Ta valab nende peale Püha Vaimu õhutust ja täiust ja annab neile erinevaid ande, et nad võiksid vabaneda igasugustest pattudest ja kogeda Jumala tööd. Meie, jumalalapsed, peame paluma neid Püha Vaimu tegusid ja igatsema sügavamaid asju.

Isa Jumal, inimese kasvatamise juhataja

Isa Jumal on suurepärase inimese kasvatamise plaani juhataja. Ta on Looja, Valitseja ja viimsepäeva Kohtunik. Jumala Poeg Jeesus Kristus tegi tee, et päästa patuseid inimolendeid. Lõpuks, Jumala Püha Vaim juhatab päästetuid tõelise usu sisse ja täiele pääsemisele. Teiste sõnadega, Püha Vaim teeb igale usklikule antud pääsemise teoks. Iga Jumala Kolme Isiku teenistus on inimolendite tõelisteks lasteks kasvatamise ettehoolde saavutamiseks ühes väes tegev.

Kuid neist igaühe teenistus on korrakohaselt rangelt eristuv, ometi Kolm Isikut tegutsevad samal ajal kooskõlas. Kui Jeesus tuli maa peale, järgis Ta täielikult Isa tahet ja ei pannud maksma oma tahet. Püha Vaim oli Jeesusega ja aitas Teda teenistuses, alates ajast, mil Jeesus eostati neitsi Maarjas. Kui Jeesus pandi ristile ja Ta kannatas valu, tundsid Isa ja Püha Vaim samal ajal sedasama tunnet ja valu.

Samamoodi, kui Püha Vaim ägab ja teeb hingede eest palvet, tunnevad Isand ja Isa sama valu ja itkevad samuti. Kolmainu Jumala Kolm Isikut tegid igal hetkel kõike sama südame ja tahtega ja tundsid samu tundeid, mida igaüks neist vastavalt tundis. Ühesõnaga, Kolm Isikut on kõike teinud Kolmainsusena.

Kolmainu Jumal teostab pääste ettehoolde

Jumala Kolm Isikut teostavad inimese kasvatamise ettehoolde Kolmainsusena. 1. Johannese 5:8 öeldakse: „Vaim, vesi ja veri, ja need kolm on üks." Vesi sümboliseerib siin Sõna ehk Isa Jumala teenistust. Veri tähistab ristil vere valanud Isanda teenistust. Kolmainu Jumal teenib Vaimu, Vee ja Verena, kes on üks ja tunnistavad usklike pääsemisest.

Seega, me peame selgelt mõistma Kolmainu Jumala iga teenistust ja ei või kalduda ainult ühe Kolmainsuse Isiku poole. Üksnes siis, kui me tunnistame ja usume, et Jumala Kolm Isikut on Kolmainsus, pääseme me usu läbi Jumalasse ja saame öelda, et me tunneme Jumalat. Kui me palvetame, me teeme seda Jeesuse Kristuse nimel, aga Isa Jumal vastab palvele ja Püha Vaim aitab meil palvevastust saada.

Jeesus ütles ka Matteuse 28:19: „Minge siis, tehke jüngriteks kõik rahvad, ristides neid Isa ja Poja ja Püha Vaimu nimesse" ja apostel Paulus õnnistas usklikke Kolmainsuse nimel 2. Korintlastele 13:13: „Isanda Jeesuse Kristuse arm, Jumala armastus ja Püha Vaimu osadus olgu teie kõikidega!" Sellepärast õnnistatakse pühapäevahommikustel teenistustel, et jumalalapsed saaksid Päästjalt ja Isandalt Jeesuselt Kristuselt armu, Jumalalt Isalt armastust ja Pühalt Vaimult sisendust ja täiust.

Kolmainu Jumala ja Püha Vaimu töö salgamine

On inimesi, kes ei aktsepteeri Kolmainsust. Nende seas on Jehoova tunnistajad. Nad ei tunnista Jeesuse Kristuse jumalikkust. Nad ei tunnista ka Püha Vaimu individuaalset isikut ja seega neid peetakse ketserlikeks.

Piiblis öeldakse, et need, kes salgavad Jeesust Kristust ja tõmbavad iseeneste peale äkilise hukatuse, on valeõpetusega (2. Peetruse 2:1). Pealtnäha näib, et nad otsekui elaksid kristluse kohaselt, kuid nad ei järgi Jumala tahet. Neil ei ole pääsemisega midagi tegemist ja meie, usklikud, ei või lasta end petta.

Nendest valeõpetustest erinevalt salgavad mõned kogudused Püha Vaimu tööd, kuigi nad ütlevad, et nad tunnistavad usku Kolmainsusse. Piiblis kirjeldatakse Püha Vaimu erinevaid ande nagu keeltes rääkimist, prohvetlikku kõnet, jumalikku tervenemist, ilmutusi ja nägemusi. Ja on kogudusi, kus sellise Püha Vaimu töö üle mõistetakse kohut, otsekui selles oleks midagi väära või püütakse Ta tööd takistada, kuigi sealsed inimesed tunnistavad oma usku Jumalasse.

Nad mõistavad sageli hukka kogudused, kus on Püha Vaimu töö ilmingud ning kutsuvad seda valeõpetuseks. See on otsene solvang Jumala tahte aadressil ja nad sooritavad andeksandmatu jumalapilkamise patu. Kui nad niisuguseid patte teevad, ei tule nende üle meeleparanduse vaimu ja nad ei suuda isegi meelt parandada.

Ja kui nad laimavad jumalasulast või Püha Vaimu tööga täidetud kogudust või taunivad seda, on see sama, mis Kolmainu Jumala taunimine ja Jumala vastu minnes vaenlase moodi käitumine. Päästetud ja Püha Vaimu saanud jumalalapsed ei või Püha Vaimu tööd vältida. Otse vastupidi, nad peaksid seda tööd igatsema. Eriti ei või jumalasulased lihtsalt Püha Vaimu tööd kogeda, vaid nad peavad ka Püha Vaimu tegusid tegema, et nende kari võiks nende tegude kaudu rikkalikku elu elada.

1. Korintlastele 4:20 öeldakse: „Sest Jumala riik ei ole ju sõnades, vaid väes." Kui jumalasulased õpetavad oma karja ainult teadmiste või formaalsustega, tähendab see, et nad on pimedad, kes juhivad teisi pimedaid. Jumalasulased peavad oma karjale täpset tõde õpetama ja laskma sel Püha Vaimu tegude tegemise kaudu kogeda elava Jumala tõendusi.

Tänapäeva kutsutakse „Püha Vaimu ajastuks." Püha Vaimu juhtiva abiga saame me inimolendeid kasvatavalt Kolmainu Jumalalt rohkeid õnnistusi ja armu.

Johannese 14:16-17 öeldakse: „Ja ma palun Isa ja Ta annab teile teise Lohutaja, et Tema oleks teiega igavesti: Tõe Vaimu, keda maailm ei saa võtta vastu, sest ta ei näe Teda ega tunne Teda ära. Teie tunnete Tema ära, sest Ta jääb teie juurde ja on teie sees."

Pärast seda, kui Isand viis täide inimese päästeteenistuse, äratati ellu ja läks Taevasse, hakkas inimese kasvatamise teenistust läbi viima Püha Vaim. Püha Vaim on iga usklikuga, kes Isanda vastu võtab ja juhib need usklikud tõe sisse, elades iga usklikku südames.

Lisaks, kuna tänapäeval on patud valdavad ja pimedus katab maailma üha enam, näitab Jumal end neile, kes Teda kogu südamest otsivad ja laseb neil kogeda Püha Vaimu tulist tööd. Ma loodan, et te saate Isa, Poja ja Püha Vaimu tegudega tõelisteks jumalalasteks, et te võiksite saada iga palvevastuse ja jõuaksite täiele pääsemisele.

Asjad, mis sündisid, kui teise
taeva värav avas tee esimesse taevasse.

Esimene taevas on füüsiline ruum, kus me elame.

Teises taevas on valguse ala – Eeden ja pimeduse ala.

Kolmandas taevas on taevariik, kus me elame igavesti.

Neljas taevas on algse Jumala ruumis, mis on ainult Kolmainu Jumala päralt.

Need „taevad" on rangelt eraldatud, aga iga ruum „külgneb" teisega.

Vajadusel avaneb teise taeva värav esimese taeva ruumi, kus me praegu elame.

Vahel võib ka kolmanda või neljanda taeva ruum avaneda.

Võib leida palju sündmusi, kus teist taevast puudutav leidis aset siin, esimeses taevas.

Kui teise taeva värav avaneb ja Eedeni aia esemed tulevad esimese taeva ruumis esile, võivad esimeses taevas elavad isikud neid esemeid puudutada ja näha.

Soodoma ja Gomorra tulekaristus

1. Moosese 19:24 öeldakse: „Ja Isand laskis sadada Soodoma ja Gomorra peale väävlit ja tuld Isanda juurest taevast." Siin tähendab „Isanda juurest taevast", et Jumal avas teise taeva ruumi värava ja lasi sealt alla sadada tuld ja väävlit.

Sama sündis Karmeli mäel, kui Eelija läks vastakuti 850 paganate jumala preestriga, tuues vastuseks tule alla. 1. Kuningate 18:37-38 öeldakse: „Vasta mulle, Isand! Vasta mulle, et see rahvas saaks teada, et sina, Isand, oled Jumal ja et sina pöörad tagasi nende südamed!"

Siis Isanda tuli langes alla ja sõi ära põletusohvri, puud, kivid ja põrmu ning lakkus ära vee, mis oli kraavis." Teise taeva tuli saab tegelikult esimese taeva esemed ära põletada.

Täht, mis juhatas kolme tarka

Matteuse 2:9 öeldakse: „Tähetargad kuulasid kuninga jutu ära ning asusid teele. Ja vaata, täht, mille tõusmist nad olid näinud, käis nende eel, kuni jäi seisma selle paiga kohale, kus oli laps." Ilmus teise taeva täht ja see liikus ja peatus korduvalt teatud aja jooksul. Kui tähetargad jõudsid oma sihtkohta, jäi täht selle paiga kohale seisma.

Kui see täht oleks olnud esimese taeva täht, oleks see universumile tohutut mõju avaldanud, sest kõik esimese taeva tähed liiguvad väga korrapäraselt oma trajektoori mööda. Võib aru saada, et kolme tähetarka juhatanud täht ei olnud esimese taeva tähtede seast.

Jumal pani teise taeva tähe liikuma nii, et see ei avaldanud esimese taeva universumile mingit mõju. Jumal avas teise taeva ruumi, et tähetargad näeksid seda tähte.

Iisraeli lastele antud manna

2. Moosese 16:4 öeldakse: „Siis Isand ütles Moosesele: „Vaata, ma lasen taevast sadada teile leiba ja rahvas mingu ning kogugu iga päev oma osa, sest ma panen nad proovile: kas nad käivad minu Seaduse järgi või mitte."

Nii nagu Jumal ütles, et Ta „laseb taevast mannat alla sadada", andis Ta mannat Iisraeli lastele, kui nad rändasid 40 aastat kõrbes ringi. Manna oli nagu koriandriseeme ja nägi välja nagu palsamvaik. Sellel oli õliga küpsetatud koogi maitse. Nii nagu varem selgitatud, Piiblis on palju ülestähendusi sündmustest, mis leidsid aset, kui teise taeva ruumi värav avas tee esimesse taevasse.

 **4. peatükk** Õigus

66

Me võime lahendada igasuguse probleemi
ja tuua all õnnistused ning palvevastused,
kui me mõistame Jumala õigust õieti
ja tegutseme selle kohaselt.

99

Jumala õigus

Jumal peab oma õigusest eksimatult kinni

Jumala õigusereeglite järgi tegutsemine

Õiguse kaks külge

Kõrgemad õigusedimensioonid

Usk ja sõnakuulelikkus – õiguse põhireeglid

„ Ta toob esile su õiguse nagu valguse
ja su õigluse nagu lõuna selguse. "

———————————————

(Laul 37:6)

On olemas probleeme, mida ei saa inimlike meetoditega lahendada. Aga need võivad hetkega kaduda, kui Jumal võtab need lihtsalt oma südamesse.

Näiteks, teatud matemaatikaülesanded, mis tunduvad algkooliõpilastele lahendamiseks väga rasked, on ülikooliõpilastele tühiasi. Samamoodi, Jumalale ei ole midagi võimatut, sest Ta on kõigi taevaste Valitseja.

Selleks, et kogeda kõikvõimsa Jumala väge, tuleb meil teada, kuidas Jumalalt vastuseid saada ja neid meetodeid ellu rakendada. Me võime iga probleemi lahendada ja vastused ja õnnistused saada, kui me mõistame Jumala õigust õieti ja tegutseme selle alusel.

Jumala õigus

Õigus tähistab reegleid, mida Jumal on seadnud ja neid reegleid tuleb täpselt ellu rakendada. Lihtsalt öeldes, see on nagu „põhjuse ja tagajärje" reegel. On reegleid, mis põhjustavad teatud juhtudel teatud tulemusi.

Isegi uskmatud ütlevad, et me lõikame seda, mida me külvame. Korea kõnekäänd ütleb: „Te lõikate ube sealt, kuhu te külvasite ube ja te lõikate punaseid ube sealt, kuhu te külvasite punaseid ube." Niisuguste reeglite olemasolu tõttu on õigusereeglid Jumala tões palju rangemad.

Piiblis öeldakse: „Paluge, ja teile antakse, otsige, ja te leiate, koputage, ja teile avatakse" (Matteuse 7:7). „Ärge eksige: Jumal ei lase ennast pilgata, sest mida inimene iganes külvab, seda ta ka lõikab" (Galaatlastele 6:7). „Aga see on nii: kes kasinasti külvab, see ka lõikab kasinasti, ja kes rohkesti külvab, see ka lõikab rohkesti" (2. Korintlastele 9:6). Need on lihtsalt mõned õigusereeglite näited.

Samuti on reeglid pattude tagajärgede kohta. Roomlastele 6:23 öeldakse: „Sest patu palk on surm, aga Jumala armuand on igavene elu Kristuses Jeesuses, meie Isandas." Õpetussõnades 16:18 öeldakse: „Uhkus on enne langust ja kõrkus enne komistust." Jakoobuse 1:15 öeldakse: „Kui seejärel himu on viljastunud, toob ta ilmale patu, aga täideviidud patt sünnitab surma."

Peale nende reeglite on ka reegleid, mida uskmatud ei suuda tegelikult mõista. Näiteks, Matteuse 23:11 öeldakse: „Aga suurim teie seast olgu teie teenija!" Matteuse 10:39 öeldakse: „Kes oma elu leiab, kaotab selle, ja kes oma elu kaotab minu pärast, leiab selle." Apostlite tegude 20:35 teises osas öeldakse: „Õndsam on anda kui võtta!" Uskmatud mitte üksnes ei pea neid arusaamatuteks, vaid arvavad isegi, et need reeglid on valed.

Kuid Jumala Sõna ei ole kunagi vale ja see ei muutu iialgi. Tõde, millest maailm räägib, muutub ajaga, aga Piiblisse kirja pandud Jumala Sõnad, nimelt õiguse reeglid, teostuvad kirjutatu kohaselt.

Seega, kui me saame Jumala õigusest õieti aru, võime me leida probleemide põhjused ja need lahendada. Samamoodi võime me saada ka vastused oma südamesoovidele. Piiblis selgitatakse põhjuseid, miks me haigestume, miks meil on rahalised probleemid, miks meil pole pererahu või miks me kaotame

Jumala armu ja komistame.

Kui me lihtsalt mõistaksime Piiblisse kirja pandid õiguse reegleid, võime me saada õnnistused ja palvevastused. Jumal peab ustavalt kinni kõigist reeglitest, mida Ta kehtestanud on ja seega, kui me lihtsalt tegutseme nende kohaselt, õnnistatakse meid kindlasti ja probleemid lahenevad.

Jumal peab oma õigusest eksimatult kinni

Jumal on kõige Looja ja Valitseja ja ometi Ta ei väära kunagi õiguse reegleid. Ta ei ütle iialgi: „Ma tegin need reeglid, aga ma ei pea neist kinni pidama." Ta on kõiges tegev täpselt õiguse kohaselt, ainsa veata.

Jumala Poeg Jeesus tuli maa peale ja suri ristil, et meid õiguse reeglite kohaselt pattudest lunastada.

Mõned võivad öelda: „Miks Jumal ei saa lihtsalt kuradit hävitada ja igaühte päästa?" Aga Ta ei tee seda iialgi. Ta kehtestas õiguse reeglid, kui Ta tegi alguses inimese kasvatamise plaani ja Ta hoiab neid nii nagu need on. Sellepärast tõi Ta nii suure ohvri ja andis isegi oma ainusündinud Poja, et meile päästetee teha.

Seega, me ei saa pääseda ja Taevasse minna lihtsalt huultega oma usku tunnistades ja koguduses käies. Me peame olema Jumala seatud pääste piires. Pääsemiseks tuleb meil uskuda, et Jeesus Kristus on meie Päästja ja õiguse reeglite alusel elades Jumala Sõnale kuulekas olla.

Sellele pääsemise küsimusele lisaks on Piiblis palju osi, kus selgitatakse kõike täpselt vaimumaailma seaduse kohaselt tegeva

Jumala õigust. Kui me saame sellest õigusest aru, on meil väga lihtne pattude probleeme lahendada. See lihtsustab ka õnnistuste ja palvevastuste saamist. Näiteks, mida te peate tegema, kui te tahate, et te südamesoovid täituksid?

Laulus 37:4 öeldakse: „Olgu sul rõõm Isandast; siis Ta annab sulle,

mida su süda kutsub!" Jumalast tõesti rõõmu tundmiseks peate te esiteks Talle meelepärane olema. Ja me leiame Piiblist palju viise, mil moel Jumalale meelepärane olla.

Heebrealastele 11:6 esimeses osas öeldakse: „Aga ilma usuta on võimatu olla meelepärane." Me võime Jumalale meeltmööda olla sel määral, kui palju me usume Tema Sõna, vabaneme pattudest ja jõuame pühitsusele. Samuti, me võime Jumalale meelepärane olla oma jõupingutuste ja ohvriandidega nagu kuningas Saalomon, kes tõi tuhat ohvrit. Me võime ka jumalariigi heaks vabatahtlikku tööd teha. Lisaks võib olla palju muid viise.

Seega me peaksime aru saama, et Piibli lugemine ja jutluste kuulamine on üks viisidest, kuidas õiguse reegleid tundma õppida. Kui me lihtsalt järgime neid reegleid ja oleme Jumalale meeltmööda, võivad kõik me südamesoovid täituda ja me võime Jumalat austada.

Jumala õigusereeglite järgi tegutsemine

Ajast, mil ma võtsin vastu Isanda ja sain aru Jumala õigusest, on usuelu elamine valmistanud mulle rõõmu. Kui ma tegutsesin õiguse reeglite kohaselt, armastas Jumal mind ja õnnistas mind rahaliselt.

Samuti, Jumal lubas meid kaitsta haiguste ja õnnetuste eest, kui me elame Ta Sõna järgi. Ja kuna ma olen oma pereliikmetega elanud üksnes usust, on kõik mu pereliikmed olnud väga terved ja ajast, mil ma võtsin Isanda vastu, ei ole me kunagi haiglas viibinud ega ravimeid tarvitanud.

Kuna ma uskusin, et Jumal laseb meil oma õigusega lõigata külvatut, andsin ma Talle hea meelega, isegi kui ma elasin vaeselt. Mõned inimesed ütlevad: „Ma olen nii vaene, et mul ei ole Jumalale midagi anda." Aga mina andsin veelgi usinamalt, kuna ma olin vaene.

2. Korintlastele 9:7 öeldakse: „Igaüks andku nii, nagu ta süda on lubanud, mitte nördinult või sunnitult, sest Jumal armastab rõõmsat andjat." Nii nagu varem öeldud, ma ei tulnud kunagi Jumala juurde tühjade kätega.

Mul oli alati hea meel Jumalale tänuga anda, kuigi mul oli vähe ja varsti õnnistati mind rahaliselt. Ma võisin rõõmuga anda, sest ma teadsin, et Jumal annab mulle tihedaks vajutatud, raputatud, kuhjaga mõõduga ja isegi 30, 60 või 100 korda rohkem, kui see, mida ma andsin jumalariigile usus.

Selle tulemusel tasusin ma suure võlasumma, mis mulle tekkis ajal, mil ma seitse aastat haigevoodis olin ja ma olen praeguseni olnud nii õnnistatud, et mul ei ole millestki puudust.

Samuti, kuna ma teadsin õiguse seadust, mille kohaselt Jumal annab oma väe neile, kes on kurjusest vabad ja pühitsusele jõudnud, jätkasin ma kurjusest vabanemist tuliste palvete ja paastuga ja sain lõpuks Jumala väe.

Tänapäeval ilmneb Jumala hämmastav vägi, sest ma saavutasin armastuse ja õiguse mõõtme, mida Jumal minult nõudis, kui ma läbisin palju raskusi ja katsumusi kannatlikult. Jumal ei andnud mulle oma väge lihtsalt tingimusteta. Ta andis selle mulle täpsete õiguse reeglite alusel. Sellepärast ei saa vaenlane kurat ja saatan sellele vastu seista.

Sellele lisaks ma uskusin kõiki Piibli Sõnu ja rakendasin nad oma ellu ning kogesin ka kõiki imetegusid ja õnnistusi, millest Piiblis kirjutatakse.

Ja sellised teod ei sünni vaid minule. Kui keegi mõistab Jumala Piiblisse kirja pandud õiguse reegleid ja tegutseb nende kohaselt, võib ta saada samasugused õnnistused, millega mind on õnnistatud.

Õiguse kaks külge

Tavaliselt arvavad inimesed, et õigus on midagi hirmsat, millega kaasnevad karistused. Muidugi, õiguse kohaselt järgivad patte ja kurjust hirmsad karistused, aga vastupidiselt võib see olla meie õnnistamise viis.

Õigus on nagu mündi kaks külge. Neile, kes elavad pimeduses, on see midagi hirmsat, aga neile, kes elavad Valguses, on see midagi väga head. Kui röövel hoiab käes lauanuga, võib tegu olla taparelvaga, aga kui pereema hoiab seda, on see söögivalmistamise vahend, mis aitab tal perele maitsvaid roogasid valmistada.

Seega, sõltuvalt sellest, millisele isikule Jumala õigust

rakendatakse, võib see olla kas väga hirmus või väga rõõmus. Kui me saame aru õiguse kahest küljest, võime me ka mõista, et õigust teostatakse armastusega ja Jumala armastus viiakse samuti täiusele õigusega. Armastus õiguseta ei ole tõeline armastus ja armastuseta õigus ei saa samuti tõeline õigus olla.

Aga näiteks, mis juhtub, kui lapsi karistada iga kord, kui nad midagi valesti teevad? Või mis juhtub, kui lapsi lihtsalt kogu aeg karistamata jätta? Mõlemal juhul põhjustate te lõpuks laste eksiteele sattumist.

Õiguse alusel on teil vahel vaja oma lapsi nende väärtegude tõttu rangelt karistada, kuid te ei saa neile lihtsalt kogu aeg „õigust" näidata. Vahel on teil vaja neile teine võimalus anda ja kui nad tõesti oma teedelt pöörduvad, tuleb teil neile armastusega andestada ja halastust osutada. Aga taas, kogu aeg ei saa lihtsalt halastust ja armastust osutada. Teil on vaja oma lapsi vajadusel karistuse kaudu õiget teed mööda minema juhatada.

Jumal räägib piiramatust andestusest Matteuse 18:22, kus öeldakse: „Jeesus ütles talle: „Ma ei ütle sulle seitse korda, vaid kas või seitsekümmend seitse korda."

Aga samal ajal ütleb Jumal, et tõelise armastusega kaasneb vahel karistus. Heebrealastele 12:6 öeldakse: „Sest keda Isand armastab, seda Ta karistab, Ta piitsutab iga poega, kelle Ta vastu võtab." Kui me mõistame seda armastuse ja õiguse suhet, saame me samuti aru, et õigus tehakse armastusega täielikuks ja kui me jätkame õiguse üle mõtisklemist, mõistame me, et õiguses sisaldub sügav armastus.

Kõrgemad õigusedimensioonid

Õigusel on ka erinevates taevastes erinevad mõõtmed. Nimelt, kui me liigume taeva tasemeid pidi kõrgemale, esimesest taevast teise, kolmandasse ja neljandasse taevasse, avarduvad ja süvenevad ka õiguse mõõtmed. Erinevad taevad hoiavad oma korda iga taeva õiguse kohaselt.

Põhjus, miks iga taeva õiguse mõõde on erinev, seisneb selles, et iga taeva armastuse mõõde on erinev. Armastust ja õigust ei saa lahutada. Mida sügavam on armastuse mõõde, seda sügavam on ka õiguse mõõde.

Piiblit lugedes võib näida, et Vana Testamendi ja Uue Testamendi õigus on erinev. Näiteks, Vanas Testamendis öeldakse: „Silm silma eest", mis on kättemaksu põhimõte, aga Uues Testamendis öeldakse: „Armastage oma vaenlasi!" Kättemaksu põhimõte muutus andestuse ja armastuse põhimõtteks. Aga kas see tähendab, et Jumala tahe muutus?

Ei, see pole nii. Jumal on vaim ja igavesti muutumatu, seega Vana ja Uus Testament sisaldavad sama Jumala südant ja tahet. Lihtsalt sama õigust rakendatakse inimeste armastuse saavutamise määrast sõltuvalt erineval määral. Ajani, mil Jeesus tuli maa peale ja täitis käsuseaduse armastusega, suutsid inimesed mõista väga madalal tasemel armastust.

Kui neile oleks öeldud, et nad armastaksid oma vaenlast, mis on väga kõrge õiguse tasemega tegu, ei oleks nad suutnud sellega toime tulla. Sellepärast rakendati Vanas Testamendis korra kehtestamiseks madalamal tasemel õiguse ehk „silm silma vastu" reegleid.

Aga pärast seda, kui Jeesus täitis käsuseaduse armastusega, tulles maa peale ja andes patuste eest oma elu, tõsteti õigusetaset, mida Jumal meilt – inimestelt nõuab.

Jeesuse näite varal oleme me juba näinud armastuse taset, mis liikus madalamalt tasemelt tasemele, kus isegi vaenlasi armastatakse. Seega, kättemaksu põhimõte ehk „silm silma vastu", ei kehti enam. Nüüd nõuab Jumal meilt õigusemõõdet, kus rakendatakse andestuse ja halastuse reegleid. Muidugi, Jumal tahtis tegelikult isegi Vana Testamendi ajal andestust ja halastust, aga selle aja inimesed ei suutnud sellest tegelikult aru saada.

Selgituste kohaselt, nii nagu Vana Testamendi ja Uue Testamendi armastuse ja õiguse mõõtmed erinevad, erineb õiguse mõõde vastavalt iga taeva armastuse mõõtmele.

Näiteks, nähes abielurikkumiselt tabatud naist, ütlesid esimese taeva madalama õigusetaseme kohaselt tegutsenud inimesed, et nad pidid ta kohe kividega surnuks viskama. Aga Jeesus, kes oli kõrgemal – neljanda taeva õiguse tasemel, ütles naisele: „Ega minagi mõista sind surma. Mine, ja nüüdsest peale ära enam tee pattu!" (Johannese 8:11).

Seega, õigus on meie südames ja igaüks tunneb erinevat õiguse mõõdet vastavalt sellele, mil määral ta on oma südame täitnud armastusega ja kasvatanud omale vaimse südame. Vahel ei mõista madalamal õiguse tasemel olijad kõrgemal õiguse tasemel olijaid.

See on nii, kuna lihalikud inimesed ei suuda kunagi täiesti aru saada sellest, mida Jumal teeb. Ainult need, kes on kasvatanud oma südamesse armastuse ja vaimse meele, võivad Jumala õigusest täpselt aru saada ja seda ellu rakendada.

Aga kõrgema mõõtme õiguse rakendamine ei tähenda, et see tühistaks või rikuks madalama mõõtme õigust. Jeesusel oli neljanda taeva õigus, kuid Ta ei eiranud kunagi maapealset õigust. Teiste sõnadega, Ta demonstreeris maa peal kolmanda taeva või kõrgemat õigust maapealsete õiguse reeglite piires.

Samamoodi ei saa meie rikkuda õigust, mida rakendatakse esimeses taevas, kui me elame siin esimeses taevas. Muidugi, kuna meie armastuse mõõde süveneb, suurenevad ka õiguse avarus ja sügavus, aga see on samades raamides. Ja seega me peame õiguse reeglitest õieti aru saama.

Usk ja sõnakuulelikkus – õiguse põhireeglid

Kuid millised on õiguse peamised raamid ja reeglid, mida meil tuleb mõista ja järgida, et palvevastuseid saada? Seal sisaldub palju asju, näiteks headus ja alandlikkus. Aga kaks peamist põhimõtet on usk ja kuulekus. Õiguse reegel näeb ette, et me saame vastuse, kui me usume Jumala Sõna ja kuuletume sellele.

Matteuse 8. peatükis oli väepealiku sulane haige. Ta oli valitseva Rooma keisririigi väepealik, aga ta oli piisavalt alandlik, et Jeesuse juurde tulla. Samuti, tal oli hea süda, et oma haige sulase pärast Jeesuse juurde tulla.

Eelkõige sai ta vastuse, sest tal oli usk. Ta pidi end ümbritsevatelt inimestelt Jeesuse kohta palju asju kuulma, kuniks ta otsustas Ta juurde tulla. Ta kuulis tõenäoliselt uudiseid sellest, kuidas pimedaist said nägijad, tummad hakkasid rääkima ja paljud haiged tervenesid Jeesuse kaudu.

Sõjapealik usaldas pärast nende uudiste kuulmist Jeesust ja hakkas uskuma, et Jeesuse juurde minnes täitub ka tema sulast puudutav soov.

Tegelikult tegi ta Jeesusega kohtudes usutunnistuse ja ütles: „Ei, Isand, ma ei ole seda väärt, et Sina mu katuse alla tuleksid. Ütle ainult üks sõna ja mu teener paraneb!" (Matteuse 8:8). Ta võis seda öelda, kuna ta usaldas Jeesusest kuuldes Teda täielikult.

Selleks, et meil oleks niisugune usk, peame me esiteks meelt parandama, et me pole Jumala Sõnale kuuletunud. Kui me oleme Jumalale milleski pettumust valmistanud, kui me ei pidanud Jumalale antud lubadust, kui me ei pidanud hingamispäeva või ei toonud õiget kümnist, tuleb meil kõigest sellest meelt parandada.

Meil tuleb ka meelt parandada maailma armastamisest, inimestega rahu puudumisest, igasuguse kurja eneses hoidmisest ja selle ajel tegutsemisest nagu keevalisusest, ärrituvusest, nördimusest, vimmatundest, kadedusest, armukadedusest, tülitsemisest ja valskusest. Kui me lammutame need patumüürid ja laseme vägeval jumalasulasel enese eest palvetada, saame me usu palvevastusteks ja võime õigusereeglite alusel tegelikult saada usutud vastuse.

Sellele lisaks on palju muud, millele meil tuleb kuuletuda ja mida me peame vastuste saamiseks järgima, nagu näiteks erinevatel ülistusteenistustel osalemine, lakkamatult palvetamine ja Jumalale andmine. Ja selleks, et me suudaksime täielikult kuuletuda, tuleb meil end täielikult salata.

Nimelt, meil tuleb vabaneda uhkusest, kõrkusest,

eneseõigusest ja enesekehtestamisest, kõigist oma mõtetest ja teooriatest, elukõrkusest ja soovist maailmale toetuda. Kui me alandume täielikult ja salgame end niimoodi, võime me saada vastuse õiguse kohaselt, nii nagu kirjutatakse Luuka 17:33, kus öeldakse: „Kes iganes oma elu püüab hoida, kaotab selle, ja kes iganes selle kaotab, hoiab selle alles."

Jumala õiguse mõistmine ja sellele kuuletumine tähendab Jumala tunnustamist. Kuna me tunnustame Jumalat, võime me järgida Ta kehtestatud reegleid. Ja niimoodi Jumala tunnustamine on usk ning tõelise usuga kaasnevad alati sõnakuulelikkuse teod.

Kui te mõistate enese Jumala Sõna valgel vaatlemise ajal, et teil on mingi patuga tegemist, tuleb teil meelt parandada ja nendelt teedelt pöörduda. Ma loodan, et te usaldata Jumalat täiesti ja toetute Tema peale. Ma loodan, et te saate seda tehes Jumala õigusereeglitest ühekaupa aru ja rakendate need oma ellu, et te saaksite vastused ja õnnistused Jumalalt, kes laseb meil külvatut lõigata ja tasub meile tehtu kohaselt.

Teiseltpoolt maailma

Ma elan Birminghamis. See on väga ilus koht. Ma olen Buganda kuningriigi esimese presidendi tütar. Ma abiellusin tasase lahke mehega Ühendkuningriigis ja meil on kolm tütart.

Paljud tahaksid elada niisugust rikast elu, aga ma ei olnud väga õnnelik. Mu hing janunes alati ja miski ei rahuldanud seda janu. Mul oli kaua kroonilised seedehäired, mis tekitasid mulle palju valu. Ma ei suutnud hästi süüa ega magada.

Mind piinasid ka erinevad haigused, kaasa arvatud kõrge kolesteroolitase, südamerike ja madal vererõhk. Arstid hoiatasid mind võimaliku südameataki või rabanduse eest.

Aga 2005. aasta augustis oli mu elus pöördepunkt. Ma kohtusin juhuslikult ühe Londonit külastanud Manmini Keskkoguduse pastoriga. Ma sain temalt raamatuid ja audiojutlusi ja need puudutasid mind väga sügavalt.

Need olid Piiblipõhised, kuid ma ei saanud kusagilt mujalt nii

Abikaasa David'iga

sügavaid ja inspireerivaid sõnumeid kuulata. Mu hingejanu kustus ja mu vaimusilmad avanesid, et Sõna mõista.

Lõpuks külastasin ma Lõuna-Koread. Hetkel, mil ma läksin Manmini Keskkogudusse sisse, mähkus kogu mu ihu rahusse. Rev Jaerock Lee palvetas mu eest. Ma sain alles pärast Ühendkuningriiki naasmist Jumala armastusest aru. 21. oktoobril tehtud endoskoopia tulemused olid normaalsed. Kolesteroolitase oli normaalne ja vererõhk oli samuti normaalne. See oli palveväe tulemus!

Ma sain selle kogemuse kaudu usku juurde. Mu süda oli haige ja ma kirjutasin Rev Jaerock Leele, et ta minu eest palvetaks. Ta palvetas minu eest 11. novembril Manmini Keskkoguduses toimunud reedeöise ülistusteenistuse ajal. Ma võtsin ta palve maakera teises otsas Interneti kaudu vastu.

Ta palvetas: „Ma käsin Jeesuse Kristuse nimel, südamehaigused lahkuge! Isa Jumal, tee ta terveks!"

Ma tundsin Püha Vaimu tugevat tööd hetkest, mil ma palve vastu võtsin. Kui mu abikaasa ei oleks minust kinni hoidnud, oleksin ma tugeva väe all maha kukkunud. Ma tulin umbes 30 sekundi pärast meelemärkusele.

16. novembril tehti mulle angiograafia. Raviarst soovitas seda, sest mu üks südamearter valmistas mulle probleemi. Seda tehti väikese kaameraga, mis oli väikese toru otsa kinnitatud. Ja tulemus oli tõesti hämmastav.

Arst ütles: „Ma ei ole mitme aasta jooksul selles ruumis nii tervet südant näinud."

Ma tundsin, kuidas kogu mu ihu värises, sest ma tundsin arsti sõnu kuuldes Jumala käsi. Sellest ajast alates otsustasin ma teisiti elada. Ma tahtsin jõuda teismeliste, hüljatute ja igaüheni, kes evangeeliumi vajab.

Ja Jumal tegi mu unistuse teoks. Ma rajasin misjonärina ühes abikaasaga Londoni Manmini koguduse ja me kuulutame elavast Jumalast.

Erakordsed asjad väljavõte

 # Kuulekus

> Jumala Sõnale „jah" ja „aamen" öeldes kuuletumine on Jumala töö kogemise otsetee.

Jeesuse täielik kuulekus

Jeesus kuuletus esimese taeva õigusele

Inimesed, kes kogevad Jumala tööd kuulekuse kaudu

Kuulekus on usu tõend

Manmini Keskkogudus võtab omale kuulekalt maailmas evangeeliumi kuulutamise juhirolli

„ Ta alandas iseennast,
saades kuulekaks surmani, pealegi ristisurmani. "

_____

(Filiplastele 2:8)

Piiblis on näha palju juhtumeid, kus Kõikvõimsa Jumala kaudu said võimalikuks ilmselgelt võimatud asjad. Seal oli palju imelisi asju nagu päikese ja kuu peatumine ja mere lõhenemine, kui inimesed läksid selle keskelt otsekui kuiva maad pidi läbi. Niisugused asjad ei saa juhtuda vaid esimese taeva õiguse alusel, aga need on võimalikud kolmanda taeva või kõrgema õiguse alusel.

Niisuguste Jumala tegude kogemiseks peame me tingimustele vastama. On olemas mitmeid tingimusi, millele tuleb vastata ja kuulekus on väga oluline. Jumala Sõnale „jah" ja „aamen" öeldes kuuletumine on otsetee Jumala tegude kogemiseks.

1. Saamueli 15:22 öeldakse: „Ons Isandal sama hea meel põletus- ja tapaohvreist kui Isanda hääle kuuldavõtmisest? Vaata, sõnakuulmine on parem kui tapaohver, tähelepanu parem kui jäärade rasv.."

Jeesuse täielik kuulekus

Jeesus kuuletus Jumala tahtele, kuni Ta löödi patuse inimkonna päästmiseks risti. Me võime Jeesuse sellise kuulekuse tõttu usu läbi pääseda. Selleks, et aru saada, kuidas usu läbi Jeesusesse pääseda saab, tuleb meil esiteks mõtelda, kuidas inimkond esialgu surma teele sattus.

Enne Aadama patuseks saamist võis ta Eedeni aias igavesest elust rõõmu tunda. Aga ajast, mil ta patustas, süües puust, mille Jumal oli ära keelanud, pidid ta vaimumaailma seaduse järgi, kus öeldakse, et „patu palk on surm" (Roomlastele 6:23), surema ja põrgusse minema.

Aga Jumal teadis isegi enne aja algust, et Aadam oli

sõnakuulmatu ja valmistas Jeesuse Kristuse. See oli ette nähtud Jumala õiguse raames päästetee avamiseks. Jeesus – Sõna, kes sai lihaks, sündis maa peale inimihusse.

Kuna Jumal tegi prohvetlikke ettekuulutusi Päästja ehk Messiase kohta, teadsid ka vaenlane kurat ja saatan Päästjast. Kurat otsis alati Päästja tapmise võimalust. Kui kolm tähetarka ütlesid, et Jeesus oli sündinud, ässitas kurat kuningas Heroodese kõiki alla kaheaastaseid poisslapsi tapma.

Samuti ässitas kurat kurje inimesi Jeesust risti lööma. Kurat arvas, et kui ta suudab Päästjaks tulnud Jeesuse lihtsalt tappa, viib ta kõik patused põrgusse ja nad on igavesti ta valitsusalused.

Kuna Jeesusel ei olnud pärispattu ja Ta ei teinud ise pattu, ei allunud Ta käsuseaduse kohaselt surmanuhtlusele. Aga kurat juhtis sellegipoolest Jeesust tapma ja rikkus sellega õiguse seadust.

Selle tulemusel võitis patuta Jeesus surma ja äratati ellu. Ja nüüd, igaüks, kes usub Jeesust Kristust, võib pääseda ja saada igavese elu. Esiteks olid Aadam ja ta järglased surma mõistetud õiguse seaduse alusel, mis ütles, et patu palk on surm, aga hiljem tegi Jeesus Kristus päästetee. See on 1. Korintlastele 2:7 „enne aegade algust varjule pandud saladus."

Jeesus ei mõtelnud kunagi: „Miks mind tuleks tappa patuste eest isegi siis, kui ma olen patuta?" Ta läks vabast tahtest ristile, et lasta end Jumala ettehoolde alusel risti lüüa. Selline Jeesuse põhjalik ja täielik kuulekus tegi meile päästetee.

Jeesus kuuletus esimese taeva õigusele

Jeesus kuuletus kogu oma maapealse elu ajal põhjalikult Jumala tahtele ja elas esimese taeva õiguse seaduse alusel. Kuigi Ta oli kogu oma loomu poolest Jumal, võttis Ta omale inimese ihu ja koges nälga, väsimust, valu, kurbust ja üksindust täpselt samamoodi nagu inimesed.

Ta paastus 40 päeva enne oma avaliku teenistuse algust. Ja kuigi Ta on kõige valitseja, hüüdis Ta palves tuliselt Jumala poole ja palvetas lakkamatult. Kurat katsus teda kolm korda tema 40-päevase paastu lõpu poole läbi ja Ta ajas kuradi Jumala Sõnaga ära ning ei tundnud mingit kiusatust ega kõikunud sugugi.

Samuti on Jeesusel Jumala vägi, seega Ta võis ilmutada igasugust imet ja hämmastavaid asju teha. Ja ometi tegi ta selliseid imesid ainult siis, kui nad olid Jumala ettehoolduseks vältimatult vajalikud. Ta näitas Jumala Poja väge niisuguste sündmustega nagu veest veini tegemine ja 5000 mehe viie kala ja kahe leivaga toitmine.

Kui Ta oleks soovinud, oleks Ta hävitanud need, kes Teda naeruvääristasid ja risti lõid. Aga Ta lasi kuulekalt vaikides end taga kiusata ja põlastada. Ta tundis samamoodi nagu inimene kogu kannatust ja valu ja valas kogu oma vee ja vere.

Heebrealastele 5:8-9 öeldakse: „Ja olles küll Poeg, õppis Ta kuulekust selle läbi, mida Ta kannatas. Ja kui Ta oli saanud täiuslikuks, sai Ta igavese pääste toojaks kõigile, kes on Talle kuulekad."

Kuna Jeesus täitis õiguse seaduse oma täieliku kuulekusega, võib igaüks, kes võtab Isand Jeesuse vastu ja elab tões, saada õiguse teenriks ja jõuda pääsemisele ega pea patu sulasena surma minema (Roomlastele 6:16).

Inimesed, kes kogevad Jumala tööd kuulekuse kaudu

Kuigi Jeesus on Jumala Poeg, täitis Ta Jumala ettehoolde, sest Ta kuuletus täiesti. Aga kuivõrd enam peaksime meie, pelgad loodud olendid, kuuletuma täiesti, et Jumala tegusid kogeda? Selleks on vaja täit kuulekust.

Johannese 2. peatükis tegi Jeesus vee veiniks muutmise ime. Kui pulmasöömaajal vein otsa lõppes, andis neitsi Maarja sulastele spetsiaalsed juhised, et nad teeksid seda, mis Jeesus neil teha käskis. Jeesus ütles sulastele, et nad „täidaksid veepotid ja võtaksid siis sealt seest vett ja viiksid selle peoperemehele." Kui peoperemees maitses vett, oli see juba heaks veiniks muutunud.

Kui sulased ei oleks kuuletunud Jeesusele, kes käskis neil vee peoperemehele viia, ei oleks nad veiniimet kogenud. Neitsi Maarja teadis kuulekuse ja õiguse seadust väga hästi ja palus, et sulased oleksid kindlasti Jeesusele kuulekad.

Me võime ka Peetruse kuulekust vaadelda. Peetrus ei püüdnud kogu öö ainsatki kala. Aga kui Jeesus käskis: „Sõua sügavale kohale ja laske oma võrgud välja loomuse katseks!", Peetrus kuuletus, sõnadega: „Õpetaja, me oleme terve öö vaeva näinud ega ole midagi saanud! Aga Sinu sõna peale lasen ma võrgud vette." Siis püüdsid nad nii suure hulga kalu, et nende võrgud rebenesid (Luuka 5:4-6).

Kuna Jeesus, kes oli Looja Jumalaga üks, rääkis algse häälega, kuuletus suur hulk kalu Ta käsule kohe ja läks võrku. Aga kui Peetrus ei oleks Jeesuse käsule kuuletunud, mis siis oleks saanud? Kui ta oleks öelnud: „Härra, ma tean kalapüügi kohta teist paremini. Me püüdsime kogu öö kalu ja nüüd me oleme väga väsinud. Me oleme tänaseks lõpetanud. Sügavale sõudmine ja võrgu loomuse katseks sisse laskmine on kindlasti väsitav", poleks imet juhtunud.

Sarepta lesknaine koges 1. Kuningate 17. peatükis samuti oma kuulekuse kaudu Jumala tööd. Pärast pikka põuaaega oli ta toit otsakorral ja järele oli jäänud vaid peotäis jahu ja veidi õli. Ühel päeval tuli Eelija tema juurde ja ütles: „Sest nõnda ütleb Isand, Iisraeli Jumal: Jahu ei lõpe vakast ja õli ei vähene kruusist kuni päevani, mil Isand annab maale vihma" (1. Kuningate 17:14).

Lesknaine ja ta poeg oleksid pärast viimase toidupala söömist pidanud oma surmapäeva ootama. Aga naine uskus Eelija kaudu edastatud Jumala Sõna ja kuuletus sellele. Siis tegi Jumal sõnakuulelikule naisele ime, nii nagu Ta oli lubanud. Jahu ei lõppenud vakast ega õli kruusist kuni päevani, mil tõsine põuaaeg sai läbi. Lesknaine, ta poeg ja Eelija pääsesid.

Kuulekus on usu tõend

Markuse 9:23 öeldakse: „Aga Jeesus ütles talle: „Sa ütled: Kui sa võid! Kõik on võimalik sellele, kes usub."

See on õiguse seadus, mis ütleb, et kui me usume, saame me kõikvõimsa Jumala tegusid kogeda. Kui me palvetame usus, lahkuvad haigused ja kui me käsime usus, lahkuvad kurjad vaimud ja igasugused raskused ning katsumused kaovad. Kui me palvetame usus, võime me rahalisi õnnistusi saada. Kõik on võimalik usus!

Sõnakuulelikkuse tegu tunnistab, et meil on õiguse seaduse alusel usku vastuste saamiseks. Jakoobuse 2:22 öeldakse: „Sa näed, et usk käis ta tegudega kaasas ja sai täiuslikuks tegude kaudu." Jakoobuse 2:26 öeldakse: „Sest nii nagu ihu ilma vaimuta on surnud, nõnda on surnud ka usk ilma tegudeta."

Eelija palus, et Sarepta lesknaine tooks talle oma viimase toidu. Kui naine oleks öelnud: „Ma usun, et sa oled jumalamees ja ma usun, et Jumal õnnistab mind ja mu toit ei lõpe kunagi otsa", aga ei oleks kuuletunud, ei oleks ta Jumala tööd kogenud, sest ta teod ei oleks tema usust tõendust andnud.

Kuid lesknaine usaldas Eelija sõnu. Ta tõi oma usu tõendina Eelijale oma viimase toidu ja kuuletus ta räägitule. See sõnakuulelikkuse tegu andis tunnistust tema usust ja ime sündis õiguse seaduse alusel, mis ütleb, et kõik on võimalik sellele, kes usub.

Jumalalt saadud nägemuse ja unistuste saavutamiseks on meie usk ja kuulekus väga olulised. Usuisad nagu Aabraham, Jaakob ja Joosep pidasid Jumala Sõna meeles ja kuuletusid.

Kui Joosep oli noor, andis Jumal talle unenäo, kus ta nägi, et temast sai auväärne isik. Joosep üksnes ei uskunud seda unenägu, aga ta pidas ka seda kogu aeg meeles ja ei muutnud selle unenäo teostumiseni meelt. Ta nägi igasugustes oludes Jumala tööd ja järgis Tema juhatust.

Joosep oli 13 aastat ori ja vang ning ei kahelnud unenäos, mille ta Jumalalt saanud oli, kuigi reaalses elus nägid asjad ta unenäole vastupidiselt välja. Ta läks lihtsalt õiget teed mööda, Jumala käsuseadustele kuuletudes. Jumal nägi ta usku ja kuulekust ning tegi ta unenäo teoks. Kõik katsumused lõppesid ja 30-aastaselt sai temast kogu Egiptuse tähtsuselt teine võimukandja, kellest kõrgemal oli ainult vaarao ehk valitseja.

Manmini Keskkogudus võtab omale kuulekalt maailmas evangeeliumi kuulutamise juhirolli

Tänapäeval on Manmini Keskkoguduses üle kümne tuhande haru- ja liitkoguduse kogu maailmas ja kogudus kuulutab evangeeliumi igas maailmanurgas Internetiteenuse, SAT TV ja muu meedia vahendusel. Kogudus on kõigi nende teenistuste algusest tänapäevani demonstreerinud õiguse seadusele vastavaid sõnakuulelikkuse tegusid.

Jumalaga kohtumise hetkest alates sain ma terveks igast haigusest ja ma unistasin, et minust saaks Jumala silmis õige kogudusevanem, kes austaks Jumalat ja aitaks palju vaeseid inimesi. Aga ühel päeval kutsus Jumal mind oma sulaseks, öeldes: „Ma valisin su oma sulaseks enne aegade algust." Ja Ta ütles, et kui ma varustuksin Jumala Sõnaga kolme aasta jooksul, ületaksin ma ookeane, jõgesid ja mägesid ja teeksin imetähti kõikjal, kuhu ma lähen.

Tegelikult olin ma ikkagi suhteliselt noor usklik. Ma olin introvert ja ma ei olnud rahvahulga ees hea kõneleja. Aga ma kuuletusin sellele ja ei toonud mingeid ettekäändeid ning minust sai jumalasulane. Ma andsin parima, et Piibli 66 raamatus oleva Jumala Sõna järgi elada ja ma palvetasin ja paastusin Püha Vaimu juhatusel. Ma kuuletusin täpselt nii nagu Jumal käskis.

Kui mul olid tohutusuured välismaised koosolekusarjad, ma ei teinud nende jaoks mingeid plaane ega ettevalmistusi. Ma üksnes kuuletusin Jumala käsule. Ma läksin ainult sinna, kuhu Ta mind minna käskis. Tohutusuurte koosolekusarjade ettevalmistamiseks kulub tavaliselt aastaid, aga Jumala käsu korral valmistusime me nendeks ette vaid mõne kuuga.

Isegi kui meil ei olnud nende tohutusuurte koosolekusarjade

pidamiseks piisavalt raha, täitis Jumal iga kord kõik me rahalised vajadused, kui me palvetasime. Vahel käskis Jumal mul minna maadesse, kus evangeeliumi ei olnud tegelikult võimalik kuulutada.

2002. aastal, kui me tegime ettevalmistusi India Chennai koosolekusarjaks, teatas Tamil Nadu valitsus uuest korraldusest, millega nad keelustasid sunniviisilise usuvärbamise. Selle korraldusega kehtestati reegel, et ükski inimene ei võinud teist isikut ühest usust teise sunniviisiliselt ega meelitamise ega mingi petliku meetodiga värvata ega seda teha püüda. Sellest üleastumisega võis kaasneda kuni viieaastane vanglakaristus ja rahatrahv, kui pöördunu oli „alaealine, naine või isik, kes kuulus mingisse määratud kasti või suguharusse." Rahatrahv oli ruupiates. 1 lahh on 100000 ruupiat, mis on võrdväärne kahe tuhande päeva töötasuga.

Meie koosolekusari Marina Beach'il ei olnud mõeldud vaid üksnes India kristlastele, ent samuti paljudele hindudele, kes moodustavad üle 80% kogu rahvastikust.

Sunniviisilise värbamise keelustamise korraldus pidi eelduste kohaselt jõustuma meie koosolekusarja esimesel päeval. Seega, ma pidin koosolekusarja poodiumilt evangeeliumi kuulutades tundma vangiminekuks valmisolekut. Mõned inimesed ütlesid, et Tamil Nadu politsei tuleb ja jälgib meie koosolekusarja, et mu jutlustamist salvestada.

Sellises ohtlikus olukorras tundsid India jumalasulased ja organiseerimiskomitee end vaoshoitult ja pinevalt. Kuid ma võtsin julguse kokku ja kuuletusin Jumalale, sest Jumal oli seda teha käskinud. Ma ei kartnud aresti ega vangiminekut ja kuulutasin julgelt Loojast Jumalast ja Päästjast Jeesusest Kristusest.

Siis tegi Jumal hämmastavaid asju. Ma ütlesin kuulutades: „Kui te saate usu südamesse, tõuske ja kõndige." Sel hetkel tõusis üks poiss ja hakkas käima. Enne koosolekusarjale tulekut oli selle poisi vaagnaluu ja puusaliiges operatsiooni ajal läbi lõigatud ja kaks osa olid metallplaadiga ühendatud. Tal oli operatsiooni järgselt väga valus ja ta ei saanud karkudeta sammugi käia. Aga kui ma käskisin: „Tõuse ja kõnni!", viskas ta kohe oma kargud ära ja hakkas käima.

Sellel päeval sündis selle teismelise poisi imele lisaks palju hämmastavaid Jumala väetegusid. Pimedad said nägijaks, kurdid hakkasid kuulma ja tummad kõnelema. Inimesed tõusid ratastoolidest ja viskasid oma kargud ära. Uudised levisid linnas kiiresti ja järgmisel päeval tuli palju rohkem inimesi kohale.

Koosolekutel osales kokku kolm miljonit inimest ja veelgi üllatavam oli see, et üle 60% osalejaist olid hindud. Nende otsmikel olid hinduismi tähised. Pärast sõnumi kuulmist ja Jumala väetegude tunnistamist eemaldasid nad need tähised ja otsustasid kristlasteks hakata.

Koosolekusarja tulemusel ühinesid kohalikud kristlased ja lõpuks see sunniviisilise värbamise vastane korraldus tühistati. Niisugune imetegu sündis Jumala Sõnale kuuletumise kaudu. Kuid mida meil konkreetselt kuuletumiseks teha tuleb, et niisugust hämmastavat Jumala tööd kogeda?

Esiteks, me peame kuuletuma Piibli 66 raamatule.

Me ei tohiks Jumala Sõnale kuuletuda ainult siis, kui Jumal ise ilmub meie ette ja meile midagi ütleb. Me peame Piibli 66 raamatusse kirjutatud sõnadele kogu aeg kuuletuma. Me peame

Piibli kaudu Jumala tahet mõistma ja sellele kuuletuma ja siis me saame koguduses kuulutatud sõnumitele kuuletuda. Nimelt, sõnad, mis ütlevad meile, et me teeksime midagi, mis keelavad meil midagi teha, mis käsivad meil millestki kinni pidada või millestki vabaneda, on Jumala õigusereeglid ja seega me peaksime neile kuuletuma.

Näiteks, te kuulete, et te peate pattudest meelt parandama ja tegema seda nuttes ja nina nohistades. Seadus ütleb, et Jumalalt saab vastuse ainult siis, kui me lammutame Jumala ja meie vahelise patumüüri (Jesaja 59:1-2). Samuti kuulete te, et teil tuleb palves appi hüüda. See on palvetamise viis, mis toob vastused, vastavalt seadusele, mis sedastab, et me sööme oma palehigis tehtud töö vilja (Luuka 22:44).

Jumalaga kohtumiseks ja Temalt vastuste saamiseks tuleb meil esiteks pattudest meelt parandada ja palvetades Teda appi hüüda, paludes Jumalalt seda, mida me vajame. Kui keegi lammutab patumüüri, palvetab kogu jõust ja näitab oma usutegusid, võib ta Jumalaga kohtuda ja vastused saada. See on õiguse seadus.

Teiseks, me peame uskuma ja kuuletuma sellele, mida räägivad jumalasulased, kellega on Jumal.

Kohe pärast koguduse avamist kanti kogudusse kanderaamil olev vähihaige, et ta ülistuskoosolekul osaleks. Ma ütlesin talle, et ta istuks, et teenistusel osaleda. Naine toetas ta selga ja ta suutis ülistusteenistuse ajal vaevu istuda. Kas ma ei saanud aru, et tal oli väga raske istuda, kuna ta toodi kanderaamil kohale? Kuid ma andsin talle Püha Vaimu sisendusel nõu ja ta kuuletus.

Jumal nägi ta kuulekust ja lasi tal kohe jumalikult terveneda.

Nimelt, kogu valu lahkus ja ta suutis ise seista ja kõndida.

Täpselt nii nagu Sarepta lesk kuuletus jumalameest usaldades Eelija sõnale, valmistas selle inimese kuulekus tee Jumala vastuse saamiseks. Ta ei suutnud oma usuga terveks saada. Aga ta koges Jumala tervendavat väge, sest ta kuuletus Jumala väega tegutseva jumalamehe sõnadele.

Kolmandaks, me peame Püha Vaimu tööle kuuletuma.

Järgmiseks, selleks, et Jumalalt vastuseid saada, tuleb meil otsekohe palvetades ja jutlusi kuulates Püha Vaimu häält järgida, sest meis elav Püha Vaim viib meid õiguse seaduse alusel õnnistuste ja vastuste teele.

Näiteks, kui Püha Vaim õhutab teid jutluse ajal pärast teenistust rohkem palvetama, võite te sellele lihtsalt kuuletuda. Kui te kuuletute, võite te olla suutelised meelt parandama pattudest, mida te ei ole kaua andeks saanud või saada Jumala armust keeltega rääkimise anni. Vahel tulevad niisugused õnnistused meie palvetamise ajal.

Vastpöördunud usklikuna pidin ma ots-otsaga toimetulekuks ehitusplatsidel rasket tööd tegema. Ma läksin bussipileti raha säästmiseks jalgsi koju ja mu ihu oli väga väsinud. Aga kui Püha Vaim puudutas mu südant, et ma annaksin teatud hulga raha koguduse ehitamise ohvrianniks või tänuohvri anniks, ma lihtsalt kuuletusin.

Ma andsin, pikemalt aru pidamata. Kui mul polnud raha, tõotasin ma Jumalale teatud kuupäeval anda. Ja ma sain kogu jõust pingutades selleks määratud kuupäevaks raha ning andsin selle Jumalale. Kui ma kuuletusin, õnnistas Jumal mind üha enam asjadega, mis Ta ette valmistanud oli.

Jumal näeb meie kuulekust ja avab vastuste ja õnnistuste tee. Ta on mulle isiklikult andnud erinevaid suuri ja väikeseid vastuseid, mida iganes ma olen palunud ja mitte ainult rahalisi õnnistusi. Ta on andnud mulle iga palvevastuse, kui ma lihtsalt kuuletusin Talle usu läbi.

2. Korintlastele 1:19-20 öeldakse: „Sest Jumala Poeg Jeesus Kristus, keda meie, mina, Silvanus ja Timoteos, oleme teie seas kuulutanud, ei olnud „jah" ja „ei", vaid Temas oli „jah". Sest Jumala tõotused, millised iganes need olid, on Kristuses „jah". Seepärast tulgu ka meie suust Tema läbi „aamen" Jumalale kiituseks."

Selleks, et me kogeksime Jumala tööd õiguse seaduse alusel, tuleb meil oma kuulekusega usutegusid demonstreerida. Täpselt nii nagu Jeesus oli meile eeskujuks, kui me lihtsalt kuuletume, hoolimata oma tingimustest või oludest, siis saab ilmsiks rohke Jumala töö. Ma loodan, et te kõik kuuletute Jumala Sõnale üksnes „jah" ja „aamen" öeldes ning kogete oma igapäevaelus Jumala tegusid.

Dr Paul Ravindran Ponraj (Chennai, India)
- Vanemametnik, südame-rindkere kirurgia, Southamptoni üldhaigla, UK
- Registraator, südame-rindkere kirurgia, St. Georges'i haigla, London, UK
- Vanemregistraator, südame-rindkere kirurgia, HAREFIELD'i haigla, Middlesex, UK
- Südame-rindkere kirurg, Willingdoni haigla, Chennai

Jumala vägi, mis on meditsiinist suurem

Ma olen kasutanud võidmist kandvat palverätikut paljude haigete patsientide peal ja näinud, kuidas nad taastuvad. Ma hoian palverätikut alati oma särgitaskus, kui ma olen operatsioonisaalis operatsiooni teostamas. Ma tahaksin rääkida imest, mis leidis aset 2005. aastal.

42-aastane noor mees, kes oli elukutse poolest ehitusettevõtja ja kes oli ühest Tamil Nadu osariigi linnast, tuli minu juurde südame pärgarteri haigestumise tõttu ja talle oli vaja teha pärgarteri möödaviimise lõikus. Ma valmistasin ta lõikuseks ette ja teda opereeriti. See oli väga lihtne otsene 2 šundiga (pumbata) siirdelõikus, mida tehti töötava südamega. Lõikus sai tehtud umbes kahe ja poole tunniga.

Kui ta rind suleti, muutus ta ebastabiilseks. Tal oli ebanormaalne EKG ja vererõhk langes. Ma avasin ta rinna uuesti ja leidsin, et siirdatud šundid olid täiuslikud. Teda viidi angiogrammi kontrolliks kateetrilaboratooriumisse. Seal leiti, et kõik ta südame veresooned ja jala suured veresooned olid krampis ja igasuguse verevooluta. Me ei ole selle põhjust tänaseni kindlaks teha suutnud.

Selle noormehe seisund oli lootusetu. Ta viidi operatsioonisaali, kus talle tehti välispidine südamemassaaž ja rind avati taas ning südant masseeriti otseselt üle 20 minuti. Ta ühendati südame- ja kopsuaparaadiga.

Spasmi leevendamiseks manustati talle erinevaid veresooni laiendavaid ravimeid, aga reaktsioon puudus. Tal püsis pumbaga üle 7 tunni keskmine 25-30 mmHg suurune vererõhk ja ma olin teadlik, et selle rõhu juures oli verevarustus ja hapnik ta ajutegevuse jaoks ebapiisav.

18-tunnise võitluse ja 7-tunnise positiivse reaktsioonita südamepumba pealhoidmise lõpuks otsustasime me rinna sulgeda ja patsiendi surnuks kuulutada. Ma laskusin põlvili ja palvetasin. Ma ütlesin: „Jumal, kui see on Sinu tahe, siis see sündigu." Ma alustasin operatsiooni palvega ja olen alati kandnud taskus Dr Jaerock Lee käest saadud võitud palverätikut ja mulle meenusid sõnad Apostlite tegudes 19:12. Ma tõusin palvest ja läksin operatsioonisaali, kui enne patsiendi surnukskuulutamist rind suleti.

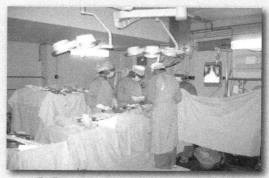

Dr Paul Ponraj operatsiooni teostamas (keskel)

Esines äkiline muudatus ja patsient muutus täiesti normaalseks. EKG muutus täiesti normaalseks. Kogu meeskond oli šokis ja üks uskmatu meeskonnaliige ütles, et Jumal, kellesse sul oli usk, austas sind. Jah, tõsi, usus liikudes olete te keset imet ja õnnetuse äärel. See noormees kõndis haiglast välja igasuguse neuroloogilise vajakajäämiseta, välja arvatud väike paistetus ta paremal jalal. Ta tunnistas palveraku koosolekul, et kuna talle anti teine elu, hakkas ta Jumala heaks tööd tegema.

Erakordsed asjad väljavõte

6. peatükk Usk

66

Kui meil on täielik usukindlus,
võime me Jumala väe alla tuua
isegi näiliselt võimatutes oludes.

99

Siiras süda ja täielik usukindlus

Usu ja siiruse suhe

Paluge täie usukindlusega

Siira südame ja täie usukindlusega Aabraham

Siira südame ja täie usukindluse arendamine

Usu läbikatsumised

Pakistani koosolekusari

„ ...siis mingem Jumala ette siira südamega usukülluses,
olles südame poolest piserdamisega puhastatud kurjast
südametunnistusest ja ihu
poolest pestud puhta veega!"

(Heebrealastele 10:22)

Inimesed saavad Jumalalt eri mõõduga vastuseid. Mõned saavad vastuse lihtsalt korra palvetades või südames soovides, aga teised peavad palju päevi palvetama ja paastuma. Mõned inimesed teevad tunnustähti, valitsevad pimeduse väge ja tervendavad haigeid usupalve läbi (Markuse 16:17-18). Vastupidi, teised inimesed ütlevad, et nad palvetavad usus, kuid nende palvete kaudu ei sünni imesid ega tunnustähti.

Kui keegi on haige, isegi kui ta usub Jumalat ja ta palvetab, tuleb tal oma usu üle mõtiskleda. Piibli sõnad on igavesti mitte kunagi muutuv tõde ja seega, kui kellelgi on usk, mida Jumal saab tunnustada, võib ta saada iga palvevastuse. Jeesus lubas meile Matteuse 21:22: „Ja kõike, mida te iganes palves palute uskudes, seda te saate." Aga miks inimesed saavad Jumalalt eri mõõduga vastuseid?

Siiras süda ja täielik usukindlus

Heebrealastele 10:22 öeldakse: „...siis mingem Jumala ette siira südamega usuküluses, olles südame poolest piserdamisega puhastatud kurjast südametunnistusest ja ihu poolest pestud puhta veega!" Siiras süda tähistab siin tõelist südant, kus ei ole valskust. See süda sarnaneb Jeesuse Kristuse omale.

Lihtsalt öeldes, täielik usukindlus on täiuslik usk. See tähendab kõige Piibli 66 raamatus kirjutatu kahtlusteta uskumist ja kõigi Jumala käsuseaduste pidamist. Meil võib olla täiuslik usk võrdeliselt sellega, kui siiras meie süda on. Tõelise südame saavutanud inimeste tunnistus on tõeline usutunnistus. Jumal vastab nende inimeste palvetele kiiresti.

Paljud tunnistavad oma usku Jumalasse, kuid nende inimeste tunnistustes sisalduv siirus on erinev. On inimesi, kelle usutunnistused on sajaprotsendiliselt tõesed, sest nende süda on sajaprotsendiliselt siiras, aga on teisi, kelle usutunnistused on ainult viiekümneprotsendiliselt tõesed, sest nende süda on ainult viiekümneprotsendiliselt siiras. Kui kellegi süda on ainult viiekümneprotsendiliselt siiras, ütleb Jumal: „Sa usaldad mind vaid poolenisti." Usutunnistuses sisalduv suurus on inimese usumõõt, mida Jumal tunnustab.

Usu ja siiruse suhe

Me ütleme oma suhetes teistega, et me usaldame seda isikut ja tegelikult võib meie usaldus selle isiku vastu üsna erinev olla. Näiteks, kui emad lähevad välja ja jätavad oma väikelapsed koju, mida nad neile ütlevad? Nad võivad öelda: „Sa pead hästi käituma ja kodus püsima. Lapsed, ma usaldan teid!" Aga kas see ema tegelikult usaldab oma lapsi?

Kui ema tõesti usaldab oma last, ei pea ta ütlema: „Ma usaldan sind." Ta võib lihtsalt öelda: „Ma olen umbes sellisel ajal tagasi." Aga ta lisab veel veidike, kui laps ei ole usaldusväärne. Ta võiks lihtsalt öelda: „Ma koristasin alles kodu, seega hoia see puhas. Ära puuduta mu kosmeetikavahendeid ja sa ei või gaasipliiti põlema panna." Ta kordab iga asja, mis talle ebamugavust valmistab ja enne väljaminekut ütleb ta lapsele: „Ma usaldan sind, seega kuula mu sõna..."

Kui usalduse määr on isegi väiksem ja püsib ka siis, kui ema on öelnud lapsele, mida ta tegema peab, võib ta koju helistada ja kontrollida, mida laps teeb. Ta küsib: „Mis sa nüüd teed? Kas kõik on korras?" ja püüab leida, millega laps tegeleb. Ema ütles, et ta usaldas oma last, aga südames ta ei suuda täiesti usaldada. Lapsevanemad usaldavad oma lapsi erineval määral.

Te võite usaldada mõningaid lapsi teistest enam, vastavalt sellele, kui siirad ja usaldusväärsed nad tegelikult on. Kui lapsed on alati sõnakuulelikud, võivad vanemad neid sajaprotsendiliselt usaldada. Kui need vanemad ütlevad: „Ma usaldan sind", on nende sõnad tegelikult tõesed.

Paluge täie usukindlusega

Aga kui laps, keda vanemad sajaprotsendiliselt usaldavad, palub midagi, võivad vanemad lapsele lihtsalt anda seda, mida ta palub. Nad ei pea temalt pärima: „Mida sa sellega teed?", „Kas sul on seda tõesti praegu vaja?" ja nii edasi. Nad võivad lapsele lihtsalt anda seda, mida ta soovib, täieliku usuga, mõteldes: „Ta palub seda, sest see on kindlasti vajalik. Ta ei raiska midagi."

Aga kui vanematel puudub täielik usaldus, nõustuvad nad ainult siis, kui nad saavad aru lapse palve õigest põhjusest. Mida vähem nad usaldavad, seda vähem nad suudavad lapse juttu usaldada ja nad kõhklevad, kas lapse palvet täita või mitte. Kui laps palub jätkuvalt, annavad vanemad vahel talle selle asja, mitte seetõttu, et nad usuvad teda, vaid üksnes, kuna laps käib neile väga peale.

See põhimõte toimib samamoodi Jumala ja meie vahel. Kas teil on siiras süda, et Jumal saaks teie usku sajaprotsendiliselt tunnistada sõnadega: „Mu poeg, mu tütar, kas sa usud mind täie kindlusega?"

Me ei peaks olema need, kes saavad Jumalalt ainult seetõttu, et nad paluvad väga palju päeval ja öösel. Ma peaksime suutma vastu võtta seda, mida me iganes palume, kõiges tõe sees käies ja omamata midagi, mille eest meid võiks hukka mõista (1. Johannese 3:21-22).

Siira südame ja täie usukindlusega Aabraham

Aabraham võis saada usuisaks, sest tal oli tõeline süda ja täielik usukindlus. Aabraham uskus Jumala tõotust ja ei kahelnud kunagi mingis olukorras olles.

Jumal lubas Aabrahamile, kui ta oli 75-aastane, et temast moodustub suur rahvus. Aga rohkem kui 20 järgmise aasta jooksul ei saanud ta last. Kui ta oli 99 ja ta naine Saara oli 89 ja nad olid liiga vanad, et last saada, ütles Jumal, et nad saavad aasta pärast poja. Roomlastele 4:19-22 selgitatakse seda olukorda.

Seal öeldakse: „Ta ei jäänud usus nõdraks, pannes tähele oma elatanud, ligi saja-aastast ihu ja Saara surnud lapsekoda. Ta ei kahelnud Jumala tõotuses uskmatuna, vaid sai vägevaks usus, ülistades Jumalat ja olles täiesti veendunud, et Jumal on vägev ka täitma seda, mida on tõotanud. Seepärast see arvestatigi talle õiguseks."

Kuigi see oli inimvõimete jaoks täiesti võimatu, ei kahelnud

Aabraham kunagi, vaid uskus Jumala tõotust täiesti ja Jumal tunnustas Aabrahami usku. Jumal lasi tal lubatu kohaselt järgmisel aastal saada poja Iisaki.

Kuid Aabrahami usuisaks saamiseks oli veel üks läbikatsumine alles jäänud. Aabraham sai 100-aastaselt Iisaki ja Iisak kasvas hästi üles. Aabraham armastas oma poega väga. Sel ajal käskis Jumal Aabrahamil Iisak põletusohvriks tuua nii nagu lehmi või lambaid toodi põletusohvriks. Vana Testamendi ajal eemaldati loomanahk, loomad lõigati tükkideks ja anti siis põletusohvriks.

Heebrealastele 11:17-19 selgitatakse hästi, kuidas Aabraham sel hetkel tegutses: „Usus viis Aabraham, kui teda proovile pandi, ohvriks Iisaki; tema, kes oli saanud tõotused, oli valmis ohverdama oma ainusündinu; tema, kellele oli öeldud: „Sinu sugu loetakse Iisakist." Sest ta arvestas, et Jumal võib ka surnuist üles äratada, seepärast ta saigi tema tagasi ettetähenduseks" (Heebrealastele 11:17-19).

Aabraham sidus Iisaki altari külge ja hakkas oma poega just noaga tükeldama. Sel hetkel ilmus Jumala ingel ja ütles: „Ära pane kätt poisi külge ja ära tee temale midagi, sest nüüd ma tean, et sa kardad Jumalat ega keela mulle oma ainsat poega" (1. Moosese 22:12). Selle läbikatsumisega tunnistas Jumal, et Aabrahamil oli täiuslik usk ja ta vastas usuisa tingimustele.

Siira südame ja täie usukindluse arendamine

Ma olin kord lootusetu ja ootasin surma. Aga mu õde viis

mind kogudusse ja ma lihtsalt põlvitasin Jumala pühamus maha ja sain Jumala väega kõigist haigustest terveks. See oli mu õe eestpalvete ja minu eest paastumise tulemus.

Ajast, mil ma võtsin vastu Jumala ülekaaluka armastuse ja armu, tahtsin ma Teda väga tundma õppida. Ma osalesin Jumala Sõna tundmaõppimiseks igasugustele ülistuskoosolekutele lisaks paljudel äratuskoosolekutel. Kuigi ma tegin ehitusplatsil füüsiliselt kurnavat tööd, osalesin ma igal hommikul hommikupalve koosolekutel. Ma tahtsin lihtsalt Jumala Sõna kuulda ja Ta tahet parimal moel teada saada.

Kui pastorid õpetasid Jumala tahte kohta, ma lihtsalt kuuletusin sellele. Ma kuulsin, et jumalalapse jaoks ei olnud õige suitsetada ja juua, seega ma lõpetasin kohe suitsetamise ja joomise. Kui ma kuulsin, et me peame Jumalale oma kümnise ja ohvriannid tooma, ei ole ma tänapäevani neid kunagi Jumalale toomata jätnud.

Kui ma lugesin Piiblit, tegin ma seda, mida Jumal mul teha käskis ja pidasin seda, millest Jumal mul kinni pidada käskis. Ma ei teinud seda, mida Piibel mul teha keelas. Ma palvetasin ja isegi paastusin, et vabaneda asjadest, millest Piiblis mul vabaneda kästi. Kui neist ei olnud lihtne vabaneda, ma paastusin, et seda teha. Jumal pidas mu jõupingutust Jumala armu tasumiseks ja andis mulle väärtusliku usu.

Mu usk Jumalasse muutus päev-päevaga üha tugevamaks. Ma ei kahelnud Jumalas kunagi üheski läbikatsumises ega raskuses. Jumala Sõnale kuuletumise tulemusel muutus mu süda siiraks südameks, kus pole mingit valskust. See muutus heaks ja puhtaks südameks, mis sai rohkem Isanda südame taoliseks.

Nii nagu öeldakse 1. Johannese 3:21: „Armsad, kui meie süda ei süüdista, siis on meil julgus Jumala ees", ma olen Jumalalt kõike kindla usuga palunud ja palvevastused saanud.

Usu läbikatsumised

Vahepeal, 1983. aasta veebruaris katsuti 7 kuud pärast koguduse avamist mu usku väga läbi. Mu kolm tütart ja üks noormees leiti ühel laupäevahommikul vara süsinikmonoksiidgaasi mürgitusega. See oli kohe pärast reedeöist ülistusteenistust. Nende elustamine ei tundunud enam võimalik olevat, sest nad olid peaaegu kogu öö gaasi sisse hinganud.

Nende silmamunad olid pahupidi ja suust tuli vahtu välja. Nende ihud olid jõuetud ja tilbendasid. Ma lasin koguduseliikmetel nad pühamu põrandale panna, läksin altari juurde ja tõin Jumalale ohvriks tänupalve.

„Isa Jumal, tänan Sind! Sina andsid ja Sina võtsid nad. Tänan Sind, et Sa võtsid mu tütred Isanda rinnale. Tänan Sind, Jumal, et Sa võtsid nad oma riiki, kus pole pisaraid, kurbust ega valu."

„Aga kuna see noormees on lihtsalt koguduseliige, ma palun, et Sa elustaksid ta. Ma ei taha, et see juhtum teeks Sinu nimele häbi..."

Pärast niisugust palvet Jumalale palusin ma esiteks noormehe ja siis ühekaupa oma kolme tütre eest. Siis tõusid nad kõik neljakesi palvetamise järjekorras vähem kui paar minutit pärast nende eest palvetamist üles ja olid täie teadvuse juures.

Kuna ma tõesti usaldasin ja armastasin Jumalat, tegin ma tänupalvet, südames vimma ega kurbust tundmata ja Jumalat puudutas see palve ning Ta lasi meil suurt imet näha. Koguduseliikmed said selle sündmuse abil usku juurde. Jumal tunnistas ka minu usku veelgi enam ja ma sain Jumala käest suurema väe. Nimelt, ma õppisin mürkgaasi ära ajama, isegi kui tegu pole elusorganismiga.

Kui me demonstreerime usukatsumuse ajal muutumatut usku Jumalasse, tunnustab Jumal meie usku ja tasub meile õnnistustega. Isegi vaenlane kurat ja saatan ei saa meid enam süüdistada, sest nemadki näevad, et meie usk on tõeline.

Sestsaadik suutsin ma kõik katsumused võita ja tulin alati siira südame ja täiusliku usuga Jumalale lähemale. Iga kord sain ma ülevalt suuremat väge. Jumal lasi mul niimoodi Temalt saadud väega 2000. aastast alates välismaiseid ühendkoosolekusarju teha.

Kui ma paastusin 1982. aastal enne koguduse avamist 40 päeva, võttis Jumal selle rõõmuga vastu ja andis mulle ülemaailmse evangelismi ja suure pühamu ehitamise ülesande. Isegi pärast viit või kümmet aastat ei näinud ma nende ülesannete täitmiseks mingit võimalust. Aga ma uskusin ikkagi, et Jumal teeb need teoks ja palvetasin nende ülesannete eest jätkuvalt.

Jumal õnnistas meid üle 17 järgmise aasta koguduse avamisest alates ja me saime maailmas evangeeliumi kuulutada hiiglasuurte välismaiste koosolekusarjadega, kus ilmnes Jumala hämmastav vägi. Me alustasime Ugandas ja meil olid ühendkoosolekusarjad ka Jaapanis, Pakistanis, Keenias, Filipiinidel, Indias, Dubais, Venemaal, Saksamaal, Peruus, Kongo Rahvavabariigis, Ühendriikides ja isegi Iisraelis, kus evangeeliumi on peaaegu võimatu kuulutada. Ja aset leidsid tohutud tervenemisteod. Paljud inimesed pöördusid hinduismist ja islamiusust. Me tõime Jumalale palju au.

Õige aja saabudes lasi Jumal meil eri keeltes palju raamatuid kirjastada, et evangeeliumi trükiste kaudu kuulutada. Ta lasi meil ka rajada kristliku telekanali, mille nimi on Ülemaailmne Kristlik Võrk Global Christian Network (GCN) ja kristlike arstide võrgu World Christian Doctors Network (WCDN), et nende vahendusel levitada meie koguduses ilmsiks saanud Jumala väetegusid.

Pakistani koosolekusari

Oli palju olukordi, millest me saime välismaistel koosolekusarjadel usu läbi võitu, kuid ma tahaksin rääkida eriliselt Pakistani koosolekusarjast, mis toimus 2000. aasta oktoobris.

Ühendkoosolekute sarja päeval oli meil jumalasulaste konverents. Kuigi me olime valitsuselt juba loa saanud, oli konverentsikoht suletud, kui me sinna hommikul jõudsime. Suurem osa Pakistani elanikest on muhameedlased. Meie kristlike koosolekute vastu tehti terrorismiähvardusi. Kuna meie koosolekut reklaamiti meedias palju, püüdsid muhameedlased seda häirida.

Sellepärast muutis valitsus väga äkiliselt oma suhtumist, tühistas koosolekukoha kasutusloa ja blokeeris konverentsile osalema tulnud rahva. Aga ma ei olnud oma mõtteis sellest häiritud ega isegi üllatunud. Selle asemel ma ütlesin, kuna ma tundsin südames Jumala puudutust: „Konverents algab täna lõunal." Ma tunnistasin oma usku, kui relvastatud politseinikud tõkestasid väravaid ja näis, et valitsusametnikud ei muuda mingil juhul meelt.

Jumal teadis ette, et asjad lähevad nii ja valmistas selle probleemi lahendamiseks ette Pakistani kultuuri- ja spordiministri. Ta oli äriasjus Lahore'is ja kui ta läks lennuväljale, et Islamabadi naasta, kuulis ta meie olukorrast ja helistas politseijaoskonda ja riigi valitsusametnikele, et koosolek saaks toimuda. Ta lükkas isegi oma väljalendu edasi, et ta saaks tulla ja konverentsi toimumiskohta külastada.

Jumala hämmastav tegu avas maapealse värava ja väga paljud inimesed tormasid hõisates ja rõõmuhüüetega sealt sisse. Nad kallistasid ja valasid pisaraid, tundes sügavat meeleliigutust ja rõõmu, Jumalat austades. Ja see toimus täpselt lõunaajal!

Järgmisel päeval ilmnesid Jumala suured väeteod koosolekusarjal, kus osales Pakistani kristliku ajaloo suurim rahvahulk. See avas ka tee misjonitööks Lähis-Idas. Sestsaadik oleme me Jumalat suurimate rahvahulkade osaluse ja suurimate Jumala väetegude toimumisega väga austanud igal maal, kuhu me koosolekusarja pidamas käisime.

Täpselt nii nagu me võime üldvõtmega avada iga ukse, kui meil on täiuslik usk, saame me Jumala väe maa peale tuua ka kõige võimatumate olukordade kiuste. Siis võivad kõik probleemid hetkega laheneda.

Samuti, isegi õnnetuste, loodusõnnetuste või nakkushaiguste püsimise korral võime me Jumala kaitse all olla, kui me vaid liigume siira südame ja täiusliku usuga Tema lähedale. Samuti, isegi kui võimupositsioonil isikud või kurjad inimesed püüavad teid sepitsustega kukutada, kui teil on lihtsalt tõeline süda ja täiuslik usk, suudate te Jumalat austada nii nagu Taaniel, keda kaitsti ajal, mil ta lõukoerte koopas oli.

2. Ajaraamatu 16:9 esimeses osas öeldakse: „Sest Isanda silmad jälgivad kogu maad, et võimsasti aidata neid, kes siira südamega hoiavad Tema poole." Isegi jumalalaste elus on palju mitmesuguseid väikeseid ja suuri probleeme. Neil aegadel ootab Jumal, et nad toetuksid Tema peale ja palvetaksid täielikus usus.

Need, kes tulevad Jumala juurde tõelise südamega, parandavad oma pattudest põhjalikult meelt, kui need ilmsiks saavad. Kui nende patud on andeks antud, saavad nad uut kindlust ja võivad täie usukindlusega Jumalale lähedale minna (Heebrealastele 10:22). Ma palun Isanda nimel, et te saaksite sellest põhimõttest aru ja läheksite siira südamega ja täiusliku usuga Jumala juurde, et te saaksite iga palvevastuse.

Kolmas taevas ja kolmanda mõõtme ruum.

Kolmas taevas on koht, kus asub taevariik.

Kolmanda taeva omadustega ruumi kutsutakse „kolmanda mõõtme ruumiks."

Kui suvel on kuum ja niiske, kutsume me seda otsekui troopikaks.

See ei tähenda, et troopilise ala kuum ja niiske õhk oleks tegelikult sinna kohta liikunud.

Lihtsalt sealne ilm on troopilise piirkonna ilmale sarnaste omadustega.

Samamoodi, isegi kui esimeses taevas (füüsilises ruumis, kus me elame) leiavad aset kolmanda taeva asjad, ei tähenda see kolmanda taeva mingi teatud ruumiosa tulekut esimesse taevasse.

Muidugi, kui taevaväed, inglid või prohvetid liiguvad esimesse taevasse, avanevad kolmanda taeva ühendusväravad.

Täpselt nii nagu kosmonaudid peavad kuu peal või kosmoseruumis käimiseks skafandris olema, kui kolmanda taeva olendid tulevad esimesse taevasse, peavad nad kolmanda taeva ruumi „riietuma."

Mõned Piibli usuisad kogesid ka kolmanda taeva ruumi. Tavaliselt on tegu juhtumitega, mil inglid või Isanda inglid ilmusid neile ja aitasid neid.

Peetrus ja Paulus vabastati vanglast

Apostlite tegudes 12:7-10 öeldakse: „Ja ennäe, Isanda ingel seisis seal ning valgus helkis vangikongis. Ingel lõi Peetrust vastu külge, äratas ta üles ja ütles: „Tõuse kiiresti!" Ja Peetruse ahelad langesid käte ümbert maha. Ingel aga ütles talle: „Pane vöö vööle ja seo oma jalatsid jalga!" Tema tegigi nõnda. Ja ingel ütles talle: „Pane oma kuub selga ja tule minu järele." Ja Peetrus tuli välja ja käis tema järel ega teadnud, et see, mis ingel tegi, on tõsi, vaid arvas end nägevat nägemust. Ja nad läbisid esimese ja teise vahiposti ning tulid linna viiva raudvärava ette. See avanes neile iseenesest ja nad väljusid ja läksid edasi üht tänavat pidi. Ja järsku lahkus ingel tema juurest."

Apostlite tegudes 16:25-26 öeldakse: „Kesköö paiku Paulus ja Siilas palvetasid ja laulsid Jumalat kiites, ning vangid kuulasid neid. Aga äkitselt sündis nii suur maavärisemine, et vangihoone alused vappusid. Ja otsekohe avanesid kõik uksed ja kõikide köidikud pääsesid valla."

Need on sündmused, mille käigus Peetrus ja apostel Paulus vangistati süütult, üksnes evangeeliumi kuulutamise pärast. Neid kiusati evangeeliumi kuulutamise ajal taga, aga nad ei kurtnud üldsegi. Selle asemel nad kiitsid Jumalat ja rõõmustasid, et nad võisid Isanda nime tõttu kannatada. Kuna nende süda oli kolmanda taeva õiguse kohaselt õige, saatis Jumal inglid, kes nad vabastasid. Inglite jaoks ei olnud kinnitatud jalapakud ega raudväravad probleemiks.

Taaniel jäi lõukoerte augus ellu

Kui Taaniel oli Pärsia impeeriumi peaminister, tegid mõned tema peale kadedad inimesed salaplaani, et teda hävitada. Selle tagajärjel visati ta lõukoerte auku. Aga Taanieli 6:23 öeldakse: „Minu Jumal läkitas oma ingli ja sulges lõvide suud, ja need ei teinud mulle kurja, sellepärast et mind leiti olevat Tema ees süütu; ja nõnda ei ole ma ka sinu ees, kuningas, kurja teinud.“ Siin tähendab „Jumal saatis oma ingli ja sulges lõvide suud“, et kolmanda taeva ruum kattis neid.

Kolmanda Taeva riigis ei ole maa peal verejanulised loomad nagu lõvid metsikud, vaid väga leebed. Seega, maapealsed tegelikud lõvid muutusid samuti väga leebeks, kui kolmanda taeva ruum kattis nad. Aga kui see ruum tõusis, naasid nad oma algupärase metsiku iseloomu juurde. Taaniel 6:25 öeldakse: „Ja kuningas käskis tuua need mehed, kes olid Taanieli süüdistanud, ja visata lõvide auku, nemad, nende lapsed ja naised; ja nad ei olnud veel jõudnud augu põhja, kui lõvid võtsid nende üle võimust ja murdsid kõik nende kondid.“

Jumal kaitses Taanieli, sest ta ei olnud mingit pattu teinud. Kurjad inimesed püüdsid ta süüdistamiseks alust leida, aga nad ei suutnud midagi leida. Samuti, ta palvetas isegi kui ta elu oli hädaohus. Kõik ta teod olid kolmanda mõõtme õiguse alusel õiged ja sellepärast kattis kolmanda mõõtme ruum lõukoerte augu ja Taaniel ei saanud mingit viga.

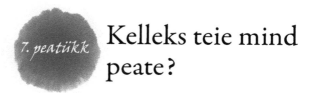

Kelleks teie mind peate?

7. peatükk

66

Sina oled Kristus, elava Jumala Poeg."
Kui te tunnistate oma usku
kogu südamest,
järgnevad sellele teod.
Jumal õnnistab neid, kes niimoodi tunnistavad.

99

Usutunnistuse tähtsus

Peetrus käis vee peal

Peetrus sai taevariigi võtmed

Põhjus, miks Peetrust õnnistati hämmastavalt

Elage Sõna järgi, kui te usute, et Jeesus on te Päästja

Jeesuse juures vastuste saamine

Huulte tunnistusega vastuste saamine

Tema küsis neilt: „Aga teie, kelle teie ütlete minu olevat?"
Siimon Peetrus kostis: „Sina oled Messias,
elava Jumala Poeg."
Jeesus vastas talle: „Sa oled õnnis, Siimon, Joona
poeg, sest seda ei ole sulle ilmutanud liha ja veri, vaid minu
Isa, kes on taevas.
Ja mina ütlen sulle: Sina oled Peetrus ja sellele kaljule
ma ehitan oma koguduse, ja põrgu
väravad ei saa sellest võitu.
Ma annan sulle taevariigi võtmed, ja mis sa iganes kinni
seod maa peal, see on seotud ka taevas, ja mis sa iganes lahti
päästad maa peal, see on lahti päästetud ka taevas."

———————————

(Matteuse 16:15-19)

Mõned abielupaarid ütlevad kogu oma abielu ajal harva „Ma armastan sind." Kui neilt küsida, ütlevad nad, et süda on oluline ja nad ei pea seda tegelikult kogu aeg ütlema. Muidugi, süda on palju olulisem kui pelgalt suuga usu tunnistamine.

Hoolimata sellest, kui palju kordi öelda „Ma armastan sind", kui me ei armasta südamest, on sõnad kasutud. Aga kas poleks parem, kui me võiksime tunnistada seda, mis me südames on? Vaimselt on see sama.

Usutunnistuse tähtsus

Roomlastele 10:10 öeldakse: „...sest südamega usutakse õiguseks, suuga aga tunnistatakse päästeks."

Muidugi, selles salmis rõhutatakse südamega uskumist. Me ei pääse lihtsalt suuga oma usku tunnistades, vaid südamega uskudes. Aga seal öeldakse ikka, et me peame suuga tunnistama seda, mida me südames usume. Miks?

See räägib meile usutunnistusele järgnevate tegude tähtsusest. Need, kes tunnistavad oma usku, aga teevad seda ainult oma suuga, südames usku omamata, ei saa näidata oma usu tõendust tegudes ehk usutegudega.

Aga need, kes südames tõesti usuvad ja seda usku suuga tunnistavad, näitavad oma usu tõendust tegudega. Nimelt, nad teevad seda, mida Jumal neil teha käsib, peavad seda, mida Jumal neil pidada käsib ja vabanevad sellest, millest Jumal neil vabaneda käsib.

Sellepärast öeldakse Jakoobuse 2:22: „Sa näed, et usk käis ta tegudega kaasas ja sai täiuslikuks tegude kaudu." Matteuse 7:21 öeldakse samuti: „Mitte igaüks, kes mulle ütleb: „Isand, Isand!", ei saa

taevariiki; saab vaid see, kes teeb mu Isa tahtmist, kes on taevas." Nimelt, seal näidatakse, et me võime pääseda ainult siis, kui me järgime Jumala tahet.

Kui te teete südamest tuleva usutunnistuse, järgnevad sellele teod. Siis peab Jumal seda tõeliseks usuks ja vastab ja viib teid õnnistuste teele. Matteuse 16:15-19 võib näha, et Peetrust õnnistati väga hämmastavalt ta usutunnistuse kaudu, mis tuli ta südamepõhjast.

Jeesus küsis jüngritelt: „Aga teie, kelle teie ütlete minu olevat?" Peetrus vastas: „Sina oled Messias, elava Jumala Poeg." Kuidas ta suutis niisugust suurepärast usutunnistust anda?

Matteuse 14. peatükis saab lugeda olukorrast, kus Peetrus tegi märkimisväärse usutunnistuse. See sündis, kui Peetrus vee peal käis. Inimliku teadmise jaoks on vee peal käimine mõistusevastane. Jeesuse veel peal käimine on iseenesest hämmastav ja kui Peetrus käis samuti vee peal, paelub seegi meie kohest tähelepanu.

Peetrus käis vee peal

Sel ajal oli Jeesus üksinda mägedel palvetamas viibinud ja keset ööd lähenes Ta jüngritele, kes olid paadis, pekslevate lainete meelevallas. Jüngrid pidasid Teda kummituseks. Kujutage lihtsalt ette, et te olete keset merd ja mingi olend läheneb teile keset pimedat ööd! Jüngrid röökisid hirmust.

Jeesus ütles: „Olge julged, see olen mina, ärge kartke!" Ja Peetrus vastas: „Isand, kui see oled Sina, siis käsi mind tulla enda juurde vee peale." Jeesus ütles: „Tule!" ja siis Peetrus astus paadist välja ning kõndis vee peal ja tuli Jeesuse juurde.

Peetrus suutis vee peal käia, aga see ei sündinud tema täiusliku usu läbi. Me võime seda mõista, kuna ta kartis ja hakkas vajuma, kui ta tuult nägi. Jeesus sirutas oma käe ja haaras temast kinni ning ütles: „Sa nõdrausuline, miks sa kahtlesid?" Kui Peetruse usk ei olnud täiuslik, kuidas ta siis sai vee peal käia?

Kuigi see ei oleks tema usuga sündida saanud, uskus ta oma südames Jumala Poega Jeesust ja tunnistas Teda nii, et ta suutis sel hetkel vee peal käia. Selles kohas võime me midagi väga tähtsat mõista. Kui me usume Isandat ja tunnistame Teda, on oluline seda usku suuga tunnistada.

Enne seda, kui Peetrus vee peal käis, tunnistas ta: „Isand, kui see oled Sina, siis käsi mind tulla enda juurde vee peale." Muidugi, me ei saa öelda, et see oli täiuslik usutunnistus. Kui ta oleks Isandat oma südames sajaprotsendiliselt uskunud, oleks ta tunnistanud: „Isand, Sina suudad kõike. Käsi mind tulla enda juurde vee peale."

Aga kuna Peetrusel ei olnud piisavalt usku, et kogu südamest täiuslikult usku tunnistada, ütles ta: „Isand, kui see oled Sina." Ta küsis otsekui kinnitust. Ikkagi, Peetrus eristus teistest jüngritest, kuna ta ütles seda.

Ta tegi usutunnistuse niipea kui ta tundis Jeesuse ära, ajal kui teised jüngrid kisendasid hirmust. Kui Peetrus uskus ja tunnustas Jeesust ja tunnistas kogu südamest, et Tema oli Isand, võis ta kogeda niisugust imelist tegu, mis ei oleks saanud tema usu ja väega sündida ja ta käis vee peal.

Peetrus sai taevariigi võtmed

Ülaltoodud kogemuse kaudu tegi Peetrus lõpuks täiusliku usutunnistuse. Matteuse 16:16 ütles Peetrus: „Sina oled Kristus, elava Jumala Poeg." See oli teistsugune usutunnistus kui see, mille ta vee peal käies tegi. Jeesuse teenistuse ajal ei uskunud igaüks ja ei tunnistanud, et Tema oli Messias. Mõned tundsid Tema peale kadedust ja püüdsid Teda tappa.

Leidus isegi inimesi, kes mõistsid Tema üle kohut ja taunisid Teda, leiutades väärasid kuulujutte nagu „Ta on hull", „Ta on Peeltsebulist seestunud" või „Ta ajab kurje vaime välja kurjade vaimude valitseja kaasabil."

Ikkagi, Matteuse 16:13 küsis Jeesus jüngritelt: „Kelle ütlevad inimesed Inimese Poja olevat?" Nemad vastasid: „Mõned ütlevad Ristija Johannese, teised aga Eelija, teised aga Jeremija või ühe prohveteist." Jeesusest räägiti ka halbu kuulujutte, kuid jüngrid ei maininud neid, vaid rääkisid ainult head, et Jeesust julgustada.

Siis küsis Jeesus neilt taas: „Aga teie, kelle teie ütlete minu olevat?" Peetrus vastas sellele küsimusele esimesena. Ta ütles

Matteuse 16:16: „Sina oled Messias, elava Jumala Poeg." Järgmistest salmidest võib lugeda, et Jeesus vastas Peetrusele väga õnnistatud sõnadega.

„Sa oled õnnis, Siimon, Joona poeg, sest seda ei ole sulle ilmutanud liha ja veri, vaid minu Isa, kes on taevas" (Matteuse 16:17).

„Ja mina ütlen sulle: Sina oled Peetrus ja sellele kaljule ma ehitan oma koguduse, ja põrgu väravad ei saa sellest võitu. Ma annan sulle taevariigi võtmed, ja mis sa iganes kinni seod maa peal, see on seotud ka taevas, ja mis sa iganes lahti päästad maa peal, see on lahti päästetud ka taevas" (Matteuse 16:18-19).

Peetrust õnnistati sellega, et ta sai koguduse aluseks ja talle anti meelevald selles füüsilises ruumis vaimse ruumi asjade näitamiseks. Niimoodi sündisid Peetruse kaudu hiljem arvukad imeteod: jalust vigane hakkas käima, surnud ärkasid ellu ja tuhanded parandasid korraga meelt.

Samuti, kui Peetrus needis Püha Vaimu petnud Hananiast ja Safiirat, kukkusid nad kohe maha ja surid (Apostlite teod 5:1-11). Kõik see oli võimalik, sest apostel Peetrusel oli meelevald ja mida iganes ta maa peal sidus, oli taevas seotud ja mida iganes ta maa peal lahti päästis, oli lahti päästetud ka taevas.

Põhjus, miks Peetrust õnnistati hämmastavalt

Miks Peetrust õnnistati nii hämmastavalt? Kui ta püsis Jeesuse jüngrina Ta lähedal, nägi ta arvukaid väetegusid, mis Jeesuse kaudu ilmsiks said. Jeesuse läbi sündisid inimlike võimetega võimatud asjad. Jeesuse suu kaudu kuulutati asju, mida inimlik tarkus ei suutnud õpetada. Seega, mida teevad need, kes Jumalat tõesti usuvad ja kellel on hea süda? Kas nad ei oleks tundnud Teda ära, mõteldes: „See ei ole lihtsalt tavaline inimene, vaid taevast tulnud Jumala Poeg"?

Aga seda Jeesust nähes ei tundnud väga paljud sel ajal Teda ära. Eriti ei tahtnud ülempreestrid, preestrid, variserid, kirjatargad ja muud juhid Teda tunnistada.

Aga selle asemel olid mõned kadedad ja tundsid Tema peale armukadedust ning tahtsid Teda ära tappa. Leidus ka neid, kes mõistsid Teda hukka ja taunisid Teda oma mõtetes. Jeesusel oli neist inimestest väga kahju ja Ta ütles Johannese 10:25-26: „Jeesus vastas neile: „Ma olen seda teile juba öelnud, aga teie ei usu. Teod, mida ma teen oma Isa nimel, needsamad tunnistavad minust, kuid te ei usu, sest teie ei ole minu lammaste seast."

Isegi Jeesuse eluajal mõistsid väga paljud Jeesuse üle kohut ja taunisid Teda ning püüdsid Teda tappa. Aga Ta jüngrid, kes olid Teda pidevalt jälginud, olid erinevad. Muidugi, kõik jüngrid ei uskunud oma südamepõhjast ega tunnistanud, et Jeesus oli Jumala Poeg ja Kristus. Aga nad uskusid ja tunnustasid Jeesust.

Peetrus ütles Jeesusele: „Sina oled Kristus, elava Jumala Poeg" ja see ei olnud miski, mida ta oleks kellegi teise käest kuulnud või oma mõtetes mõistnud. Ta sai sellest aru, sest ta nägi Jumala tegusid, mis järgnesid Jeesusele ja kuna Jumal lasi tal seda mõista.

Elage Sõna järgi, kui te usute, et Jeesus on te Päästja

Mõned ütlevad, et nad usuvad vaid seetõttu, et teised räägivad, et me oleme päästetud, kui me usume Jeesust ja et me võime koguduses käies terved ja õnnistatud olla. Muidugi, kui te esimest korda kogudusse tulete, on võimalik, et te ei tule kogudusse, kuna te teate ja usute piisavalt. Kui paljud inimesed kuulevad, et nad võivad koguduses käies õnnistatud olla ja pääseda, arvavad nad: „Miks mitte seda teha proovida?"

Kuid hoolimata sellest, miks te kogudusse tulete, ei tohiks te pärast Jumala imetegude nägemist kunagi vanaviisi mõtelda. Ma ütlen, et te ei tohiks vaid suuga tunnistada, et te usute, kui teil pole mingit usku, aga te peaksite Jeesuse Kristuse oma Päästjaks vastu võtma ja Teda oma tegudega teistele edastama.

Mis puutub minusse, siis ma elasin enne elava Jumalaga kohtumist ja Jeesuse Päästjaks vastuvõtmist täiesti teistsugust elu. Ma suutsin oma südames Jumalat ja Jeesust kui Päästjat sajaprotsendiliselt uskuda.

Ma tunnistasin Isandat alati oma elus ja kuuletusin Jumala Sõnale. Ma ei rõhutanud oma mõtteid, teooriaid ega arvamusi, vaid usaldasin lihtsalt kõiges Jumalat. Nii nagu öeldakse Õpetussõnades 3:6: „Õpi teda tundma kõigil oma teedel, siis ta teeb su teerajad tasaseks!", kuna ma tunnistasin Jumalat kõiges, juhatas Jumal mind kõigil mu teedel.

Siis ma hakkasin saama hämmastavaid õnnistusi nagu need, millega Peetrust õnnistati. Nii nagu Jeesus ütles Peetrusele: „... mis te iganes kinni seote maa peal, on seotud ka taevas, ja mis te iganes lahti päästate maa peal, on lahti päästetud ka taevas." Jumal vastas, mida iganes ma uskusin ja palusin.

Ma tunnustasin Jumalat ja vabanesin Jumala Sõna järgi igasugusest kurjusest. Kui ma jõudsin pühitsuse tasemele, andis Jumal mulle oma väe. Kui ma panin haigetele käed peale, lahkusid haigused ja nad said terveks. Kui ma palvetasin nende eest, kellel olid perekondlikud või töised probleemid, lahenesid nende probleemid. Kui ma tunnustasin Jumalat kõiges, tunnistasin oma usku ja olin Talle Sõnas elades meeltmööda, täitis Ta kõik mu südameigatsused ja õnnistas mind rikkalikult.

Jeesuse juures vastuste saamine

Piiblist võib näha, et paljud tulid Jeesuse juurde ja said terveks haigustest ja tõbedest ning nende probleemid lahenesid. Nende seas oli paganaid, aga enamik olid juudid, kes olid Jumalat sugupõlvede jooksul uskunud.

Aga isegi kui nad uskusid Jumalat, ei suutnud nad oma probleeme ise lahendada ega oma usuga vastust saada. Nad said haigustest ja tõbedest terveks ja nende probleemid lahenesid, kui nad tulid Jeesuse juurde, sest nad uskusid Jeesust ja tunnustasid

Teda ning demonstreerisid seda oma tegudega.

Väga paljud püüdsid Jeesuse juurde tulla ja isegi Ta riideid puudutada, sest neil oli usk, et Jeesus ei olnud tavaline isik ja et nende probleemid lahenevad, kui nad lähevad Tema juurde, kuigi nende usk ei olnud täielik. Nad ei saanud probleemidele oma usu läbi lahendusi, aga nad võisid ikkagi vastuse saada, kui nad uskusid ja tunnustasid Jeesust ning tulid Tema juurde.

Kuidas on siis lood teiega? Kui te tõesti usute Jeesust Kristust ja ütlete: „Sina oled Kristus, elava Jumala Poeg", vastab Jumal teile, teie südant nähes. Muidugi, juba kauem koguduses käinute usutunnistus peaks vastpöördunute omast erinema, sest Jumal nõuab erinevat usutunnistust erinevatelt inimestelt, nende usu kohaselt. Täpselt nii nagu nelja-aastase lapse ja nooruki teadmised erinevad, peab ka usutunnistus erinev olema.

Aga te ei saa neid asju iseenesest mõista ega lihtsalt kellegi teise käest kuulda ja sellest aru saada. Teie sees olev Püha Vaim peab teile arusaamise andma ja te peate Püha Vaimu sisendusel oma usku tunnistama.

Huulte tunnistusega vastuste saamine

Piiblis on palju inimesi, kes said usku tunnistades vastused. Luuka 18. peatükis, kus pime uskus ja tunnustas Isandat, tuli Tema juurde ja tunnistas: „Isand, et ma jälle näeksin!" (41. salm). Jeesus vastas: „Näe jälle! Sinu usk on su päästnud!" (42. salm) ja ta võis otsekohe jälle näha.

Kui uskuvad ja Jeesust tunnustavad inimesed tulid Tema juurde ja tunnistasid oma usku, rääkis Jeesus algse häälega ja vastus oli käes. Jeesusel on sama vägi, mis kõikvõimsal ja kõiketeadval Jumalal. Kui Jeesus otsustab oma mõttes lihtsalt midagi teha, tervenevad inimesed igasugusest haigusest ja tõvest ja isegi igasugused probleemid lahenevad.

Kuid see ei tähenda, et Ta lahendas igaühe probleemid ja vastas lihtsalt igaühe palvele. Õiguse alusel ei ole õige palvetada nende eest, kes ei usu ega tunnista Teda ja kellel pole vähimatki huvi Tema vastu ega neid õnnistada.

Samamoodi, isegi kui Peetrus uskus ja tunnistas Isandat oma südames, kui ta ei oleks oma suuga usku tunnistanud, kas Jeesus oleks Peetrust ikka nii imeliste sõnadega õnnistanud? Jeesus sai Peetrusele õigust rikkumata õnnistust lubada, sest Peetrus uskus ja tunnustas Jeesust oma südames ja tunnistas seda oma suu sõnadega.

Kui te soovite osaleda Püha Vaimu teenistuses, nii nagu Peetrus Jeesuse puhul, tuleks teil oma usku kogu südamest tunnistada. Ma loodan, et niisuguse Püha Vaimu sisendusel tuleva usutunnistuse kaudu täituvad isegi teie südamesoovid kiiresti.

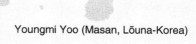
Youngmi Yoo (Masan, Lõuna-Korea)

Mind ühel päeval kutsumata tabanud tundmatu haigus

2005. aasta jaanuari keskel muutus mu vasak silm äkki häguseks ja nägemine nõrgenes mõlemas silmas. Objektid näisid ähmased või peaaegu nähtamatud. Paljud esemed tundusid kollased ja sirgjooned näisid kõverad ja lainelised. Veelgi hullem, sellele järgnes oksendamine ja peapööritus.

Arst ütles mulle: „See on Harada haigus. Esemed tunduvad kühmjad, sest su silmades on väikesed kühmud." Ta ütles, et haiguse põhjus oli veel teadmata ja meditsiinilise raviga ei olnud lihtne nägemist taastada. Kasvajate suurenemise korral oleksid nad silmanärve katnud ja see oleks põhjustanud mulle nägemiskaotust. Ma hakkasin enese elu palvetades vaatlema. Siis muutusin ma pigem tänulikuks ja mõtlesin, et ma oleksin võinud sellise probleemi olemasoluta kõrgiks jääda.

Pärast kadusid peapööritus ja oksendamine Rev Dr Jaerock Lee

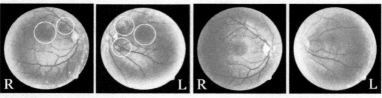

Enne palvet   Kohe palve järgselt kadunud kasvajad

saadete kaudu ja tema varasema palvega palverätiku abil. „Surnud silmanärvid, elustuge! Valgus, tule!"

Hiljem ma leidsin end telerist täiusliku silmanägemisega reedeöist teenistust vaatamast. Subtiitrid olid silmaga selgelt näha. Ma võisin keskenduda sellele, mida ma näha tahtsin ja objektid ei tundunud enam ähmased. Iga eseme värvid muutusid selgeks. Miski ei näinud enam üldsegi kollane. Halleluuja!

14. veebruaril läksin ma korduvläbivaatusele, et oma tervenemist kinnitada ja Jumalat austada. Arst ütles: „Hämmastav! Su silmad on normaalsed." Arst teadis, kui tõsises seisundis mu silmad olid ja ta oli üllatunud, et need olid normaalsed. Pärast lähiuuringut kinnitas arst, et kasvajad olid kadunud ja paistetust ei olnud enam. Ta küsis, kas mind raviti mingis teises haiglas. Ma andsin talle selge vastuse: „Ei. Ma võtsin lihtsalt vastu Rev Dr Lee palve ja Jumala vägi tegi mu

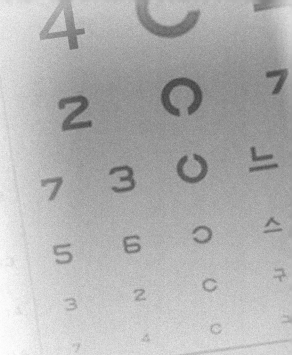

terveks."
Mu nägemine oli enne palvet 0,8/0,25, kuid see paranes ja pärast palvet oli näit 1,0/1,0. Nüüd on mu mõlema silma näit 1,2.

- Erakordsed asjad väljavõte -

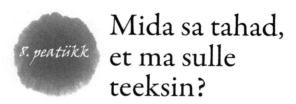

Mida sa tahad, et ma sulle teeksin?

8. peatükk

66

Kui Jeesus ütles:
„Mida sa tahad, et ma sulle teeksin?",
oli Ta sõnadel algse hääle kõla.

99

Algse hääle kaudu vastuse saamine

Usalda Jeesust kogu südamest

Hüüa Jumalat paludes Teda appi

Täiuslik usk, mis ei kõhkle

Viska oma mantel minema

Jumal kuuleb usutunnistust

„Mida sa tahad, et ma sulle teeksin?"
Tema aga ütles: „Isand, et ma jälle näeksin!"

(Luuka 18:41)

Isegi need, kes tulevad kogudusse esimest korda, võivad ikka igasugusele probleemile lahenduse saada, kui nad lihtsalt usaldavad Jumalat oma südamepõhjas. See sünnib, sest Jumal on meie hea Isa, kes tahab oma lastele häid asju anda, nii nagu kirjutatakse Matteuse 7:11: „Kui nüüd teie, kes olete kurjad, oskate anda häid ande oma lastele, kui palju enam teie Isa, kes on taevas, annab head neile, kes Teda paluvad!"

Jumal valmistas oma õiguse alusel vastuse saamise tingimused, et lasta oma armsatel lastel rohkeid õnnistusi saada. Jumal ei kehtestanud tingimusi, et öelda: „Ma ei saa sulle anda, sest sa ei vasta tingimustele."

Ta õpetab meile, kuidas saada oma südamesoovide täitumist ja rahaprobleemide, pereprobleemide või haigusprobleemide lahendusi. Ja Jumala õiguse alusel selliste vastuste saamiseks on kõige olulisemad usk ja sõnakuulelikkus.

Algse hääle kaudu vastuse saamine

Luuka 18. peatükis kirjutatakse üksikasjalikult pimedast mehest, kes sai vastuse, kui Jeesus rääkis algse häälega. Ta kuulis, et Jeesus pidi varsti sealt mööda minema ja hüüdis valju häälega Teda appi. „Jeesus, Taaveti Poeg, halasta minu peale!" Ja möödaminejad sõitlesid teda, et ta jääks vait. Tema aga karjus veelgi enam: „Taaveti Poeg, halasta minu peale!"

Jeesus jäi seisma ja käskis pimeda enese juurde tuua. Aga kui pime tema juurde tuli, küsis Jeesus temalt: „Mida sa tahad, et ma sulle teeksin?" Tema aga ütles: „Isand, et ma jälle näeksin!" Ja Jeesus ütles talle: „Näe jälle! Sinu usk on su päästnud!" Ja otsekohe nägi ta jälle ja läks Temaga kaasa Jumalat ülistades. Ja kogu rahvas, kes seda nägi, kiitis Jumalat.

Kui Jeesus ütles: „Mida sa tahad, et ma sulle teeksin?", rääkis Ta algse häälega. Kui pime ütles: „Isand, et ma jälle näeksin!" ja Isand ütles: „Sinu usk on su päästnud!", oli taas tegu algse häälega.

„Algne hääl" on Jumala hääl, millega Ta rääkis, kui Ta lõi oma Sõnaga taevad ja maa ja kõik seal oleva. See pime võis nägijaks saada, kui Jeesus rääkis algse häälega, sest ta vastas vastuse saamiseks õigetele tingimustele. Sellest hetkest alates vaatleme üksikasjalikult, kuidas see pime oma vastuse sai.

Usalda Jeesust kogu südamest

Jeesus käis väikestes ja suurtes linnades, jagades taevariigi evangeeliumit ja kinnitas oma Sõna sellele järgnevate imede ja tunnustähtedega. Liikumispuudega inimesed hakkasid käima, pidalitõbised said terveks ja nägemis- või kuulmiskahjustusega inimesed hakkasid nägema ja kuulma. Need, kes ei suutnud rääkida, hakkasid kõnelema ja kurjad vaimud aeti välja. Kuna uudised Jeesusest olid kaugele levinud, kogunes rahvahulk Ta ümber kõikjal, kuhu Ta iganes läks.

Ühel päeval läks Jeesus Jeerikosse. Nii nagu tavaliselt, kogunesid paljud Jeesuse ümber ja järgnesid Talle. Sel ajal kuulis tänaval istuv pime kerjus, kuidas rahvahulk möödus temast ja küsis inimestelt, mis sündis. Keegi ütles talle: „Jeesus Naatsaretlane läheb mööda." Siis hüüdis see pime mees kõhklusteta: „Jeesus, Taaveti Poeg, halasta minu peale!" Ta võis niimoodi appi hüüda, sest ta uskus, et Jeesus teeb ta kindlasti nägijaks. Samuti eeldatakse, et ta uskus, et Jeesus oli Päästja, kuna ta hüüdis: „Jeesus, Taaveti Poeg!"

See sündis, sest kogu Iisraeli rahvas teadis, et Messias tuleb Taaveti perest. Esiteks võis pime vastuse saada, sest ta uskus ja aktsepteeris Jeesust Päästjana. Ta uskus samuti küsimusi esitamata, et see Jeesus võis ta nägijaks teha.

Kuigi ta oli pime ja ei näinud, oli ta Jeesuse kohta palju kuulnud. Ta kuulis, et Jeesuse nimeline isik oli ilmunud ja et Tal oli nii suur vägi, et Ta lahendas iga probleemi, mida ükski inimene lahendada ei suutnud.

Nii nagu öeldakse Roomlastele 10:17: „Järelikult, usk tuleb kuulutusest", see pime mees sai usu, et kui ta lihtsalt Jeesuse juurde läheb, saab ta nägijaks. Ta suutis kuuldut uskuda, sest tal oli suhteliselt hea süda.

Samamoodi, kui meil on hea süda, on meil lihtsam evangeeliumi kuuldes vaimset usku saada. Evangeelium on „head sõnumid" ja sõnumid Jeesuse kohta olid samuti head. Seega, heasüdamlikud inimesed võtsid head sõnumid lihtsalt vastu.

Näiteks, kui keegi ütleb: „Ma sain ravimatust haigusest palve abil terveks", rõõmustavad heasüdamlikud inimesed temaga. Isegi kui nad ei usu seda täiesti, mõtlevad nad: „See on tõesti hea, kui see tõde on."

Mida kurjemad inimesed on, seda rohkem nad kahtlevad ja püüavad mitte uskuda. Mõned isegi mõistavad kohut või taunivad sõnadega: „Nad mõtlesid selle välja, et inimesi petta." Aga kui nad ütlevad, et Jumala ilmutatud Püha Vaimu teod on väärad ja väljamõeldis, on tegu Püha Vaimu pilkamisega.

Matteuse 12:31-32 öeldakse: „Seepärast ma ütlen teile: Inimestele antakse andeks iga patt ja teotamine, aga Vaimu teotamist ei anta andeks. Ja kui keegi ütleb midagi Inimese Poja vastu, võib ta saada andeks, aga kui keegi ütleb midagi Püha Vaimu vastu, ei andestata talle ei sellel ega tulevasel ajastul."

Kui te olete hukka mõistnud kogudust, kus ilmnevad Püha Vaimu teod, tuleb teil meelt parandada. Üksnes siis, kui teie ja Jumala vaheline patumüür eemaldatakse, võite te vastuse saada.

1. Johannese 1:9 öeldakse: „Kui me oma patud tunnistame, on Tema ustav ja õige, nõnda et Ta annab andeks meie patud ja puhastab meid kogu ülekohtust." Kui teil on midagi, millest meelt parandada, ma loodan, et te parandate Jumala ees põhjalikult ja pisarais meelt ja käite ainult valguses.

Hüüa Jumalat paludes Teda appi

Kui pime mees kuulis, et Jeesus läks sealt mööda, hüüdis ta: „Jeesus, Taaveti Poeg, halasta minu peale!" Ta hüüdis Jeesust valju häälega appi. Miks ta pidi valju häälega appi hüüdma?

1. Moosese 3:17 öeldakse: „Aga Aadamale ta ütles: „Et sa kuulasid oma naise sõna ja sõid puust, millest mina olin sind keelanud, öeldes, et sa ei tohi sellest süüa, siis olgu maapind neetud sinu üleastumise pärast!

Vaevaga pead sa sellest sööma kogu eluaja!"

Enne kui esimene inimene Aadam sõi hea ja kurja tundmise puust, võisid inimesed süüa seda, mida Jumal neile söögiks andis, nii palju kui nad soovisid. Aga pärast seda, kui Aadam oli Jumalale sõnakuulmatu ja sõi puust, tuli inimese sisse patt ja neist said lihalikud inimesed. Sellest ajast saadik saavad inimesed ainult vaevaga süüa.

See on Jumala kehtestatud õigus. Seega, me võime üksnes palehigis Jumalalt vastused saada. Me peame nimelt palves kogu südame, meele ja hingega vaeva nägema ja vastuse saamiseks appi hüüdma.

Jeremija 33:3 öeldakse: „Hüüa mind, siis ma vastan sulle ja ilmutan sulle suuri ja salajasi asju, mida sa ei tea!" Luuka 22:44 öeldakse: „Ja raskesti heideldes palvetas Ta veelgi pingsamalt, ja Ta higi muutus nagu maha tilkuvateks verepiiskadeks."

Samuti, Johannese 11. peatükis, kus Jeesus elustas neli päeva surnud Laatsaruse, hüüdis Ta valju häälega: „Laatsarus, tule välja!" (Johannese 11:43). Kui Jeesus valas kogu oma vee ja vere ning hingas ristil viimast korda, hüüdis Ta valju häälega ja ütles:

„Isa, Sinu kätte ma annan oma vaimu" (Luuka 23:46).

Kuna Ta tuli maa peale inimihus, hüüdis isegi patuta Jeesus valju häälega Jumala poole, seega see oli kooskõlas Jumala õigusega. Kuidas siis meie, Jumala loodud olendid, istume ja palvetame lihtsalt, Jumalat valju häälega appi hüüdmata, et inimvõimetega lahendamatute probleemide vastuseid saada? Seega, teiseks võis pime vastuse saada, sest ta hüüdis valju häälega appi, mis oli Jumala õigusega kooskõlas.

Jaakob sai Jumalalt õnnistuse, kui ta palvetas, kuni ta puusaliiges löödi paigast ära (1. Moosese 32:24-30). Eelija palvetas kogu südamest ja pani oma pea põlvede vahele (1. Kuningate 18:42-46). Me võime kiiresti vastuse saada ja puudutada Jumala südant, kui me palume kogu jõu, usu ja armastusega.

Palves appihüüdmine ei tähenda, et me peame karjuma ärritava häälega. Te võite õigete palveviiside ja Jumala vastuste saamise kohta lugeda raamatust „Valvake ja palvetage!"

Täiuslik usk, mis ei kõhkle

Mõned inimesed ütlevad: „Jumal tunneb isegi sinu sügavaimat südamesoppi, seega te ei pea palves appi hüüdma." Aga see ei ole tõde. Pimedale öeldi karmilt, et ta oleks vait, aga ta kisendas veelgi enam.

Ta ei kuuletunud neile, kes käskisid tal vait olla, aga ta

kisendas Jumala õiguse alusel veelgi rohkem ja veelgi kirglikuma südamega. Tema usk oli sellel hetkel täielik ja muutumatu. Ja kolmandaks sai ta vastuse, sest ta näitas igasuguses olukorras muutumatut usku üles.

Kui inimesed noomisid teda ja pime oleks solvunud või vait jäänud, ei oleks ta nägemist saanud. Aga kuna tal oli väga kindel usk sellesse, et ta näeb, kui ta Jeesusega kohtub, ei saanud ta seda hetke inimeste noomituste tõttu maha magada. See ei olnud aeg, et uhke olla. Või ta ei võinud mingisuguse raskuse tõttu alla anda. Ta hüüdis kogu südamest appi ja sai lõpuks vastuse.

Matteuse 15. peatükis on lugu kaananlannast, kes tuli Jeesuse juurde alandliku südamega ja sai vastuse. Kui Jeesus läks Tüürosesse ja Siidonisse, tuli Ta juurde üks naine ja palus, et Ta ajaks ära tema tütart vallanud kurja vaimu. Mida Jeesus siis ütles? Ta ütles: „Ei ole ilus võtta laste leiba ja visata koerakestele." Lapsed tähistasid iisraellasi ja kaananlanna oli koer.

Tavalisi inimesi oleks niisugune märkus väga solvanud ja nad oleksid ära läinud. Aga ta oli teistsugune. Ta palus alandlikult halastust, öeldes: „Ei ole küll, Isand, ometi söövad koerakesed raasukesi, mis nende isandate laualt pudenevad." Jeesus tundis meeleliigutust ja ütles: „Oh naine, sinu usk on suur! Sündigu sulle, nagu sa tahad"" Ta tütar sai otsekohe terveks. Ta sai vastuse, sest ta vabanes kogu oma uhkusest ja alandus täiesti.

Kuid paljud inimesed, isegi kui nad tulevad Jumala juurde, et suurt probleemi lahendada, lihtsalt naasevad ega ei toetu Jumalale lihtsalt sellepärast, et mingi tühiasi tegi neile haiget. Aga kui neil oleks tõesti usku mingi raske probleemi lahendamiseks, jätkaksid nad Jumalalt lihtsalt alandliku meelega armu palumist.

Viska oma mantel minema

Kui Jeesus läks sel ajal Jeerikosse, avas Ta pimeda silmad ja Markuse 10:46-52 kirjutatakse, et Jeesus avas veel ühe pimeda silmad. See pime oli Bartimeus.

Ta hüüdis samuti valju häälega, kui ta kuulis, et Jeesus läheb sealt mööda. Jeesus käskis inimestel Bartimeus tuua ja me peame pöörama tähelepanu sellele, mida ta tegi. Markuse 10:50 öeldakse: „Pime viskas kuue seljast, hüppas püsti ja tuli Jeesuse juurde." Sellepärast sai ta vastuse. Ta viskas kuue seljast ja tuli Jeesuse juurde.

Kuid milline vaimne tähendus peitub siis ta kuue minema viskamises, mis oli üks vastuse saamise tingimustest? Kerjusekuub pidi olema must ja haisev. Aga see on kerjuse ainus omand, millega ta saab oma keha kaitsta. Kuid Bartimeusel oli hea süda, mis ei lasknud tal Jeesuse juurde minna musta haisva kuuega.

Jeesus, kellega ta kohtus, oli väga püha ja puhas. Pime mees teadis, et Jeesus oli väga hea inimene, kes andis inimestele armu, tervendas neid ja andis vaestele ja haigetele lootust. Seega ta kuulas oma südametunnistuse häält, mis ütles, et ta ei saanud Jeesuse juurde oma musta haisva kuuega minna. Ta kuuletus sellele häälele ja viskas kuue ära.

See sündis enne kui Bartimeus sai Püha Vaimu, seega ta kuulas oma hea südametunnistuse häält ja kuuletus sellele. Nimelt, ta viskas otsekohe minema oma kõige kallima vara – oma kuue. Kuub tähistab vaimselt veel meie südant, mis on must ja haisev. See on ebatõene süda, kus on uhkus, kõrkus ja igasugune muu mustus.

See tähendab, et püha Jumalaga kohtumiseks peame meie viskama ära kõik mustad haisvad patud, mis on nagu must kerjusekuub. Kui te tõesti tahate vastust saada, tuleb teil kuulata Püha Vaimu häält, kui Ta tuletab teile minevikus tehtud pattusid meelde. Ja te peate igast niisugusest patust meelt parandama. Te peaksite Püha Vaimu poolt räägitule kõhklematult kuuletuma – nii nagu pime Bartimeus tegi.

Jumal kuuleb usutunnistust

Jeesus vastas lõpuks pimedale mehele, kes palus täie usukindlusega. Jeesus küsis temalt: „Mida sa tahad, et ma sulle teeksin?" Kas Jeesus ei teadnud, mida see pime mees tahtis? Muidugi, Ta teadis seda, kuid Ta küsis seda ikkagi, kuna oli vaja mehe usutunnistust. Jumala õiguse kohaselt tuleb meil oma usku esiteks sõnades tunnistada, et tegelikku vastust saada.

Jeesus küsis pimedalt: „Mida sa tahad, et ma sulle teeksin?", sest mees vastas vastuse saamise tingimustele. Kui mees vastas:

„Isand, et ma jälle näeksin!", võimaldati see talle. Samamoodi, kui me vastame Jumala õiguse alusel üksnes tingimustele, võime me saada kõike, mida me palume.

Kas te teate Aladdini võlulambi lugu? Oletame, et te hõõrute lampi kolm korda ja lambist tuleb hiiglane, kes teeb teie kolm soovi teoks. Kuigi see on vaid inimeste tehtud lugu, on meil palju imelisem ja võimsam vastusevõti. Johannese 15:7 ütles Jeesus: „Kui te jääte minusse ja minu sõnad jäävad teisse, siis paluge, mida te iganes tahate, ning see sünnib teile."

Kas te usute kõikvõimsa Isa Jumala kõigeväelist väge? Siis võite te lihtsalt Isandasse jääda ja Tema Sõna eneses hoida. Ma loodan, et te saate usu ja kuulekusega Isandaga üheks, nii et te võite julgelt tunnistada oma soove ja nende täitumise leida, kui kõlab algne hääl.

Pr Akiyo Hirouchi (Maizuru, Japan)

Mu lapselaps tervenes arteriaalsest vaheseinadefektist!

2005. aasta alguses sündisid meie perekonda kaksikõed. Aga 3 kuud hiljem esinesid teisel kaksikul hingamisraskused. Tal diagnoositi arteriaalne vaheseinadefekt ja ta südames oli 4,5mm suurune auk. Ta ei suutnud pead püsti hoida ega piima imeda. Piima tuli ta nina kaudu toruga manustada.

Seisund oli kriitiline ja Kyoto Ülikoolihaigla pediaater tuli Maizuru kodanikehaiglasse. Imiku ihu oli liiga nõrk, et teda kaugele ülikoolihaiglasse transportida. Seega, ta pidi lihtsalt kohalikus haiglas ravi saama.

Pastor Keontae Kim Osaka Maizuru Manmini kogudusest palvetas imiku eest palverätikuga, mille eest Rev Jaerock Lee oli eelnevalt palvetanud. Ta saatis ka Söuli peakogudusse palvesoovi imiku fotoga. Ma ei olnud olukorras, kus ma oleksin saanud Interneti kaudu ülistusteenistusel osaleda, seega me salvestasime Manmini

Keskkoguduse reedeõise teenistuse 10. juunil, 2005 ja siis võttis kogu perekond Rev Lee palve ühiselt vastu.

„Isa Jumal, tervenda ta ruumi ja aega läbides. Pane oma käed Hirouchi Akiyo lapselapse Miki Yuna peale Jaapanis. Arteriaalne vaheseinadefekt, kao! Põle ära Püha Vaimu tulega ja ole terve!"

Järgmisel päeval, 11. juunil, sündis ime. Laps ei suutnud varem iseseisvalt hingata, aga ta seisund paranes ja hingamisaparaat võeti ära.

„See on ime, et imik taastus nii kiiresti!" Arst oli hämmastunud.

Sestsaadik kasvas imik väga hästi. Ta kaalus ainult 2,4 kg, aga kaks kuud pärast palvet oli ta kaal 5kg! Tema nutuhääl oli samuti palju tugevam. Ma nägin seda imet oma silmaga ja registreerusin 2005. aasta augustis Manmini Keskkoguduse liikmeks. Ma sain aru, et Jumal tegi jumaliku tervendustöö, teades et ma hakkan Teda selle ime kaudu uskuma.

Selle armu kaudu töötasin ma andunult, et Maizurus Manmini kogudus rajada. Kolm aastat pärast koguduse avamist andsime me koguduseliikmetega Jumalale ohvrianni, et osta ilus kogudusehoone. Täna teen ma jumalariigi heaks palju vabatahtlikku tööd. Ma olen tänulik mitte vaid oma lapselapse tervendusarmu eest, vaid ka Jumala armu eest, mis viis mu tõelise elu teele.

- Erakordsed asjad väljavõte-

Teile sünnib
teie usku mööda

"

Algne hääl, mis tuleb esile
Jeesuse suust,
läheb läbi maa
ja jõuab maailma lõppu,
seega ilmutades Ta väge,
mis läbistab aega ja ruumi.

"

Kõik olendid kuuletuvad algsele häälele

Inimesed kaotasid algse hääle kuulmise võime

Põhjused, miks vastuseid ei saada

Väepealikul oli hea süda

Väepealik koges aega ja ruumi läbivat imet

Aega ja ruumi läbivad väeteod

„Ja Jeesus ütles väeülemale: „Mine! Nagu sa oled uskunud,
nõnda sündigu sulle!"
Ja tema teener paranes selsamal tunnil. "

———————————————

(Matteuse 8:13)

Kui paljud inimesed on agoonias või näiliselt väljapääsmatutes raskustes, tunnevad nad, et Jumal on neist kaugel või on neilt palge pööranud. Mõned neist isegi kahtlevad ja mõtlevad: „Kas Jumal isegi teab, et ma olen siin?" või „Kas Jumal isegi kuulab mu palveid, kui ma palvetan?" See sünnib, sest neil ei ole piisavalt usku kõikvõimsasse kõiketeadvasse Jumalasse.

Taavet läbis oma elus väga palju raskusi ja ikkagi ta tunnistas: „Kui ma astuksin taevasse, siis oled Sina seal; kui ma teeksin endale aseme surmavalda, vaata, Sina oled seal! Kui ma võtaksin koidutiivad ja asuksin elama viimse mere äärde, siis sealgi Su käsi juhataks mind ja Su parem käsi haaraks minust kinni" (Laul 139:8-10).

Kuna Jumal valitseb aja ja ruumi väliselt kogu universumit ja kõike seal olevat, ei tähenda inimolendite poolt tuntud füüsiline kaugus Jumalale midagi.

Jesaja 57:18b-19 öeldakse: „Ning pakun ta leinajaile huultevilja. Rahu, rahu kaugel ja lähedal olijale, ütleb Isand, ja ma parandan teda." Siin tähendab „ning pakun ta leinajaile huultevilja", et Jumala väljaräägitud sõna täitub kindlasti, nii nagu öeldakse 4. Moosese 23:19.

Jesaja 55:11 öeldakse samuti: „Nõnda on ka minu sõnaga, mis lähtub mu suust: see ei tule tagasi mu juurde tühjalt, vaid teeb, mis on mu meele järgi, ja saadab korda, milleks ma selle läkitasin."

Kõik olendid kuuletuvad algsele häälele

Looja Jumal lõi taevad ja maa oma algse häälega. Seega, kogu algse häälega loodu kuuletub algsele häälele isegi siis, kui tegu pole elusorganismidega. Näiteks, tänapäeval on meil häältuvastuse seadmed, mis vastavad ainult teatud häälele. Samamoodi, algne hääl sisaldub kõiges universumi siseses, seega see kuuletub algse hääle kõlale.

Jeesus, kes on oma loomu poolest Jumal, lasi samuti algsel häälel kõlada. Markuse 4:39 öeldakse: „Ja Tema tõusis, sõitles tuult ja ütles järvele: „Jää vakka, ole vait!" Ja tuul rauges ja järv jäi täiesti vaikseks." Isegi meri ja tuul, millel ei ole kõrva ega elu, kuuletuvad algsele häälele. Mida siis peame tegema meie – inimolendid, kellel on kõrvad ja mõistus? Ilmselt tuleb meil kuuletuda. Aga miks inimesed ei kuuletu?

Mis puutub häältuvastuse seadmesse, oletame, et on olemas sada niisugust masinat. Omanik seab masinad töökorda, kus nad kuulevad häält „jah" ütlemas. Aga keegi muutis 40 masina seadeid. Ta seadis 40 masinat töötama siis, kui nad kuulevad „ei" sõna. Siis ei tööta need 40 masinat mingil juhul isegi siis, kui omanik ütleb „jah." Samamoodi, inimesed kaotasid Aadama patustamisest alates algse hääle kuulmise võime.

Inimesed kaotasid algse hääle kuulmise võime

Aadam loodi tegelikult elavaks vaimuks ja ta kuulas üksnes Jumala Sõna ja kuuletus sellele. Isa Jumal õpetas Aadamale ainult vaimseid teadmisi ehk tõesõna, aga kuna Jumal andis Aadamale vaba tahte, oli Aadama otsustada, kas ta kuuletub tõele või mitte. Jumal ei tahtnud last, kes oleks nagu robot ja kuuletuks kogu aeg tingimusteta.

Ta tahtis lapsi, kes kuuletuksid Ta Sõnale vabast tahtest ja armastaksid Teda tõelise südamega. Aga pärast pika ajavahemiku möödumist ahvatles saatan Aadamat ja ta ei kuuletunud Jumala

Sõnale.

Roomlastele 6:16 öeldakse: „Eks te tea, et kelle kuulekusse teie end loovutate orjaks, kelle sõna te kuulate, selle orjad te olete - olgu patu orjad surmaks või kuulekuse orjad õiguseks!" Öeldu kohaselt, Aadama järglastest said ta sõnakuulmatuse tõttu patu ja vaenlase kuradi ning saatana orjad.

Nüüd olid nad määratud mõtlema, rääkima ja tegutsema nii nagu saatan neid tegema ässitas ja nad pidid patte pattude peale kuhjama ja lõpuks surma minema. Aga Jeesus tuli Jumala ettehoolde raames maa peale ja suri lepituseks, et kõiki patuseid lunastada ning Ta äratati ellu.

Sellepärast öeldakse Roomlastele 8:2: „Sest elu Vaimu seadus Kristuses Jeesuses on vabastanud su patu ja surma seadusest." Öeldu kohaselt, need, kes usuvad oma südames Jeesust Kristust ja käivad valguses, ei ole enam patu orjad.

See tähendab, et neile on võimalikuks tehtud Jumala algse hääle kuulmine usu läbi Jeesusesse Kristusesse. Seega, need, kes seda kuulevad ja sellele kuuletuvad, võivad iga palvevastuse saada.

Põhjused, miks vastuseid ei saada

Kuid mõned inimesed võivad küsida: „Ma usun Jeesust Kristust ja olen oma patud andeks saanud, aga miks ma ei saa terveks?" Siis ma tahaksin teilt küsida: Mil määral te olete Piiblisse kirjapandud Jumala Sõnale kuulekas olnud?

Kui te tunnistate oma usku Jumalasse, kas te pole ehk sel ajal maailma armastanud, teisi petnud või ilmalike inimeste moodi halbu asju teinud? Mulle meeldiks, et te kontrolliksite, kas te olete kõiki hingamispäevi pidanud, õige kümnise toonud ja kõiki

Jumala käsuseadusi pidanud, kus meil käsitakse midagi teha, keelatakse midagi teha, käsitakse midagi pidada või millestki vabaneda.

Kui te saate kindlalt ülaltoodud küsimustele jah sõnaga vastata, saate te vastuse kõigele, mida te palute. Isegi kui vastus viibib, te lihtsalt tänate kogu südamest ja toetute vankumatult Jumalale. Kui te näitate niimoodi oma usku üles, ei jäta Jumal teile vastamata. Ta laseb algsel häälel kõlada ja ütleb: „Sulle sünnib sinu usku mööda" ja see sünnib tegelikult teie usku mööda.

Väepealikul oli hea süda

Matteuse 8. peatükis räägitakse Rooma väepealikust, kes sai usu läbi vastuse. Kui ta tuli Jeesuse juurde, tervenes ta sulane haigusest Jeesuse kaudu kõlanud algse hääle läbi.

Sel ajal oli Iisrael Rooma keisririigi valitsuse alune. Rooma sõjaväes olid tuhandete, sadade, viiekümnete ja kümnete sõjameeste pealikud. Nende auaste vastas nende käsutuses olevate sõjameeste hulgale. Üks väepealik, kes käsutas sadat sõjameest, oli Iisraeli Kapernaumas. Ta kuulis, et Jeesus õpetas armastust, headust ja halastust.

Jeesus õpetas Matteuse 5:38-39: „Te olete kuulnud, et on öeldud: Silm silma ja hammas hamba vastu! Aga mina ütlen teile: Ärge pange vastu inimesele, kes teile kurja teeb, vaid kui keegi lööb sulle vastu paremat põske, keera talle ka teine ette!"

Ta ütles ka Matteuse 5:43-44: „Te olete kuulnud, et on öeldud: Armasta oma ligimest ja vihka oma vaenlast! Aga mina ütlen teile: Armastage oma vaenlasi ja palvetage nende eest, kes teid taga kiusavad." Heasüdamlikud inimesed tunnevad meeleliigutust, kui nad kuulevad niisuguseid häid sõnu.

Aga ka väepealik oli kuulnud, et Jeesus ei õpetanud üksnes headust, vaid tegi ka imesid ja tunnustähti, mis olid inimvõimete jaoks võimatud. Räägiti, et neetuks peetud pidalitõbised said terveks, pimedad hakkasid nägema, tummad rääkima ja kurdid kuulma. Lisaks, lombakad hakkasid käima ja hüppama ning jalust vigased hakkasid samuti kõndima. Ja väepealik uskus neid sõnu lihtsalt nii nagu neid räägiti.

Kuid erinevad inimesed reageerisid erinevalt niisuguste uudiste korral, mis puudutasid Jeesust. Kui nad nägid Jumala tegusid, ei saanud esimest tüüpi inimesed neist aru. Selle asemel, et vastu võtta ja uskuda, nad mõistsid kohut ja taunisid, kuna neil olid tugevad enesekesksed usu mõttemallid.

Variserid ja kirjatargad, kellel olid seaduspärased õigused, olid niisugused. Matteuse 12:24 kirjutatakse, et nad rääkisid Jeesuse kohta isegi sõnu: „See ei aja kurje vaime välja kellegi muu kui Peltsebuli, kurjade vaimude ülema abil." Nad rääkisid oma vaimse teadmatuse tõttu kurja.

Teistliiki inimesed uskusid, et Jeesus oli üks suurtest prohvetitest ja järgisid Teda. Näiteks, kui Jeesus äratas noormehe ellu, ütlesid inimesed: „Aga kõiki haaras kartus ja nad ülistasid Jumalat ja ütlesid:

„Meie seas on tõusnud suur prohvet!" ja „Jumal on tulnud hoolitsema oma rahva eest!" (Luuka 7:16)

Kuid kolmandaks olid inimesed, kes mõistsid südames ja uskusid, et Jeesus oli Jumala Poeg, kes oli maa peale tulnud, et kõigi inimeste Päästjaks saada. Üks mees oli sünnist saadik pime, aga kui ta Jeesusega kohtus, avanesid ta silmad. Ta ütles: „Veel ilmaski pole kuuldud, et keegi oleks avanud pimedalt sündinu silmad. Kui Tema ei oleks Jumala juurest, ei suudaks Ta teha midagi" (Johannese 9:32-33).

Ta sai aru, et Jeesus oli Päästjaks tulnud. Ta tunnistas: „Isand, ma usun!" ja kummardas Jeesust. Samamoodi, heasüdamlikud inimesed, kes suutsid midagi head ära tunda, võisid aru saada, et Jeesus oli Jumala Poeg lihtsalt sellest, kui nad nägid Ta tegusid.

Johannese 14:11 ütles Jeesus: „Uskuge mind, et mina olen Isas ja Isa on minus. Kui te ei usu muu pärast, siis uskuge mu tegude tõttu." Kui te oleksite elanud Jeesuse ajal, millisesse inimeste rühma te enda arvates oleksite kuulunud?

Väepealik oli üks kolmandasse rühma kuuluvaist inimestest. Ta uskus Jeesuse kohta räägitut sellisena nagu see oli ja läks Tema juurde.

Väepealik koges aega ja ruumi läbivat imet

Miks väepealik sai soovitud vastuse otsekohe kui ta kuulis Jeesust ütlevat: „Nagu sa oled uskunud, nõnda sündigu sulle!"?

Me võime näha, et väepealik usaldas oma südames Jeesust. Ta suutis kuuletuda kõigele, mida Jeesus talle ütles. Aga kõige olulisem on väepealiku puhul see, et ta tuli Jeesuse juurde tõelise armastusega hingede vastu.

Matteuse 8:6 öeldakse: „Isand, minu teener lamab kodus halvatuna maas hirmsas piinas." See väepealik tuli Jeesuse juurde ja ei palunud oma vanemate, sugulaste ega isegi laste pärast, vaid oma teenri pärast. Ta suhtus teenri valusse otsekui iseenda omasse ja tuli Jeesuse juurde. Kuidas siis ta hea süda poleks saanud Jeesust puudutada?

Halvatus on tõsine seisund, mida ei saa isegi kõige arenenumate meditsiiniliste oskustega lihtsalt ravida. Inimene ei suuda oma käsi ja jalgu vabalt liigutada ja vajab teiste abi. Samuti, mõnel juhul vajab ta teiste abi pesemisel, söömisel ja riiete vahetamisel.

Kui see haigus püsib kaua, on väga raske leida kedagi, kes suudaks muutumatult haige eest armastuse ja kaastundega hoolt kanda nii nagu korea kõnekäänd ütleb: „Pika haiguse ajal pole pühendunud poegi." Ei leidu palju inimesi, kes suudaksid isegi oma pereliikmeid armastada otsekui iseendid.

Aga vahel, kui kogu perekond palvetab nende inimeste eest armastusega, võib näha neid, kes ületavad elupiiri ja tervenevad või saavad väga raske probleemi lahenduse. Nende palve ja armastuse teod puudutavad Isa Jumala südant nii palju, et Jumal osutab neile armastust, mis ületab Ta õiguse.

Väepealikul oli niivõrd täielik usaldus, et Jeesus võis ta teenri halvatusest terveks teha. Ta palus Jeesusel seda teha ja sai vastuse.

Teiseks sai väepealik vastuse, sest ta osutas täielikku usku ja tahet Jeesusele täielikult kuuletuda.

Jeesus nägi, et väepealik armastas oma teenrit nagu iseennast ja ütles talle: „Kas ma tulen ja teen ta terveks?" Kuid väepealik ütles Matteuse 8:8: „Ei, Isand, ma ei ole seda väärt, et Sina mu katuse alla tuleksid. Ütle ainult üks sõna ja mu teener paraneb!"

Enamik inimesi oleksid väga rõõmsad, kui Jeesus nende koju tuleks. Aga väepealik tunnistas julgelt ülaltoodut, sest tal oli tõeline usk.

Niisuguse suhtumise tõttu suutis ta kuuletuda kõigele, mida iganes Jeesus ka poleks öelnud. Me näeme seda tema sõnast

Matteuse 8:9, kus öeldakse: „Minagi olen ju inimene meelevalla all, aga minu käsu all on

sõdureid ja kui ma ütlen ühele: „Mine ära!", siis ta läheb, ja teisele: „Tule siia!", siis ta tuleb, ja oma teenijale: „Tee seda!", siis ta teeb." Aga seda kuuldes Jeesus imestas ja ütles neile, kes Temaga kaasas käisid: „Tõesti, ma ütlen teile, nii suurt usku ei ole ma leidnud Iisraelis ühelgi!"

Samamoodi, kui te tegite seda, mida Jumal käskis, hoidusite tegemast seda, mida Jumal keelas, pidasite seda, mida Jumal pidada käskis ja vabanesite sellest, millest Ta vabaneda käskis, võite te olla kindlad ja Jumalalt ükskõik mida paluda. See on nii, kuna 1. Johannese 3:21-22 öeldakse: „Armsad, kui meie süda ei süüdista, siis on meil julgus Jumala ees ja mida me iganes palume, seda me saame Temalt, sest me peame Tema käske ja teeme, mis on Tema silmis meelepärane."

Väepealik uskus täiuslikult väge, mis oli Jeesusel, kes võis tervendada lihtsalt oma Sõna kasutades. Isegi kui ta oli Rooma keisririigi väepealik, ta alandus ja soovis Jeesusele täiesti kuulekas olla. Sellepärast täitus ta südamesoov.

Matteuse 8:13 ütles Jeesus väepealikule: „Mine! Nagu sa oled uskunud, nõnda sündigu sulle" ja ta sulane sai selsamal hetkel terveks. Kui Jeesus lasi algsel häälel kõlada, saadi aja ja ruumi väline vastus täpselt nii nagu väepealik oli uskunud.

Aega ja ruumi läbivad väeteod

Laulus 19:5 öeldakse: „Üle kogu ilmamaa käib nende kõla, maailma otsani nende sõna..." Nii nagu öeldud, Jeesuse suust lähtunud algne hääl võis jõuda maailma otsa ja Jumala vägi sai ilmsiks ruumiväliselt, hoolimata füüsilisest kaugusest.

Samuti, kui algne hääl kõlab, on see väljaspool aega. Seega, sõna täitub isegi mõne aja kuludes, kui astjas on vastuse saamiseks valmis.

Selles koguduses toimuvad väga paljud aja- ja ruumivälised Jumala väeteod. 1999. aastal tuli minu juurde Pakistani tütarlapse õde, kes tõi mulle oma õe Cynthia foto. Sel ajal oli Cynthia suremas jämesoole ja kõnuõõne haigusesse.

Arst ütles, et isegi operatsiooniga oli väike võimalus, et ta ellu jääks. Selles olukorras tuli Cynthia vanem õde oma õe fotoga minu juurde, et ma palvetaksin ta eest. Alates hetkest, mil ma palvetasin Cynthia eest, taastus ta väga kiiresti.

2003. aasta oktoobris tuli meie koguduses abipastori naine minu juurde oma venna fotoga, et ma tema eest palvetaksin. Ta vennal oli vereliistakute vähenemise probleem. Ta uriinis, roojas, silmades, ninas ja suus oli veri. Veri valgus ka ta kopsudesse ja siseelunditesse. Ta ootas lihtsalt surma. Aga kui ma panin käed fotole ja palvetasin, suurenes trombotsüütide arv ruttu ja ta taastus väga kiiresti.

Selliseid aja- ja ruumiväleid tegusid leidis aset väga palju Venemaa koosolekusarja ajal, mis toimus 2003. aasta novembris St Petersburgis. Koosolekusarja edastati 12 satelliidi vahendusel üle 150 maale Venemaal, Euroopas, Aasias, Põhja-Ameerikas ja Ladina-Ameerikas. Edastati ka Indiasse, Filipiinidele, Austraaliasse, Ameerika Ühendriikidesse, Honduurasesse ja Peruusse. Samuti toimusid samaaegsed ekraanikaudsed koosolekud neljas Venemaa linnas ja Kiievis, Ukrainas.

Hoolimata sellest, kas inimesed osalesid ekraanilt koosolekut nähes või jälgisid seda kodus telerist, võtsid sõnumi kuulajad ja usu läbi palve vastuvõtnud samaaegselt tervenemise vastu ja saatsid meile e-postiga ja muul moel tunnistusi. Kuigi nad ei viibinud samas füüsilises ruumis, kui algne hääl kõlas, toimis see ka nende elus, kuna nad olid samas vaimses ruumis.

Kui teil on lihtsalt tõeline usk ja tahe Jumala Sõnale kuuletuda, näidake väepealiku moodi oma tõelisi armastuse tegusid ja uskuge aja- ja ruumiväliselt tegutseva Jumala väesse. Siis te võite elada õnnistatud elu ja saada iga palvevastuse.

Kahenädalasel jätkuval spetsiaalsel äratuskoosolekul, mida peeti 12 aasta jooksul 1993-2004. aastatel, tervenesid inimesed erinevatest haigustest ja said mitmesuguste eluprobleemide lahendused. Teised juhatati päästeteele. Aga Jumal pani meid pärast 2004. aasta äratuskoosolekut neid äratuskoosolekuid peatama. See oli isegi suuremaks sammuks tulevikku.

Jumal lasi mul alustada uusi vaimseid õpinguid ja hakkas mulle selgitama vaimumaailma erinevat mõõdet. Ma ei saanud esialgu selle tähendusest aru. Seal sisaldusid ka täiesti uued mõisted. Aga ma lihtsalt kuuletusin ja hakkasin kõike seda tundma õppima, uskudes, et ma saan sellest ühel päeval aru.

Umbes 30 aastat tagasi sain ma Jumala väe pärast väga rohket palvet ja paastumist, mida ma tegin pastoriks saamise algusest saadik. Ma pidin võitlema äärmise kuumuse ja külmaga 10., 21., 40. paastupäeval ja Jumala palumise ajal.

Kuid Jumala käest vaimsete asjade teadasaamine nõudis neist pingutustest võrreldamatult rohkem vaevarohket treeningut. Ma pidin püüdma aru saada asjadest, mida ma ei olnud kunagi varem kuulnud ja ma pidin palvetama nagu Jaakob Jabboki jõel, kuni ma mõistsin neid.

Lisaks pidin ma ka oma ihus erinevaid füüsilisi seisundeid

taluma. Täpselt nii nagu kosmonauti tuleb kosmoseeluga kohanemiseks väga hästi treenida, toimusid mu ihus erinevad asjad, kuni ma jõudsin mõõtmesse, kuhu Jumal mind viia tahtis.

Aga ma võitsin iga hetke armastuse ja usuga Jumalasse ja üsna varsti sain ma vaimse arusaama Isa Jumala päritolu kohta ja armastuse ja õiguse seaduse ja palju muu kohta.

Lisaks, mida lähemale ma liikusin mõõtmele, kuhu Jumal mind viia tahtis, seda vägevam töö sündis üha suuremal määral. Koguduseliikmed said palju kiiremini õnnistused ja jumalikud tervenemised sündisid kiiremini. Päev-päevalt lisandub üha enam tunnistusi.

Jumal tahab oma lõpuaja ettehoolde teostada kõrgeima ja suurima väega, mis on inimlikust ettekujutusvõimest suurem. Ta andis selle väe, et Suur pühamu saaks päästelaeva moodi üles ehitatud ja kuulutaks Jumala au ning evangeelium viidaks Iisraeli tagasi.

Iisraelis on äärmiselt raske evangeeliumi kuulutada. Seal ei ole lubatud kristlikud kogunemised. See võib juhtuda ainult Jumala tohutu väega, mis võib isegi raputada maailma ja meie kogudusele on antud ülesanne Iisraelis evangeeliumi kuulutada.

Ma lihtsalt loodan, et te saate aru, et Jumala lõpuaja plaanide kokkuvõtteaeg on väga lähedal. Püüdke ehtida end Isanda mõrsjana, et teil oleks kõiges hea käekäik, nii nagu teie hingegi lugu on hea.

Neljandat taevast
valdava Jumala vägi

Neljas taevas on ruum, mis on ainult algse Jumala päralt. See on koht, kus on Kolmainu Jumal ja seal on kõik võimalik.

Asjad luuakse eimillestki. Kui Jumalal on miski südames, sünnib see. Isegi tahked esemed võivad vabalt vedelaks või gaasiliseks muutuda.

Niisuguse iseloomuga ruumi kutsutakse „neljanda taeva mõõtmeks."

Neljanda mõõtme vaimset ruumi kasutavad teod sisaldavad loomistegusid, elu ja surma valitsemist, tervenemist ja muid aja- ja ruumiväliseid tegusid. Neljandat taevast valdava Jumala vägi ilmneb täna nagu eile.

1. Loomisteod

Loomistegu tähendab, et luuakse esmakordselt midagi, mida ei ole kunagi varem olemas olnud. Kui Jumal lõi alguses ainult oma Sõna läbi taevad ja maa ja kõik seal sisalduva, oli tegu loomistööga. Jumal võib demonstreerida loomistööd, sest neljas taevas on Tema päralt.

Jeesuse kaudu sündinud loomisteod

Vee veiniks muutmine Johannese 2. peatükis on loomistegu. Jeesus kutsuti pulmapeole ja vein sai otsa.
Maarjal oli sellest kahju ja ta palus Jeesuselt abi. Esiteks Jeesus keeldus, aga Maarjal oli ikkagi usk. Ta uskus, et Jeesus aitab peoperemeest.
Jeesus arvestas Maarja täielikku usku ja käskis sulastel veepotid veega täita ja need ülemkelnerile viia. Ta ei palvetanud ega käskinud veel veiniks muutuda. Ta mõtles seda lihtsalt oma südames ja kuues potis olnud veest sai hetkega väga kvaliteetne vein.

Eelija kaudu sündinud loomisteod

Sarepta lesk oli 1. Kuningate 17. peatükis väga raskes olukorras. Pika põuaaja tõttu oli ta toit otsakorral ja alles oli jäänud ainult peotäis jahu ja veidike õli.

Kuid Eelija palus, et ta küpsetaks leivakese ja annaks selle talle, öeldes: „Sest nõnda ütleb Isand, Iisraeli Jumal: Jahu ei lõpe vakast ja õli ei vähene kruusist kuni päevani, mil Isand annab maale vihma" (1. Kuningate 17:14). Lesknaine kuuletus Eelijale ja ei hakanud vabandusi tooma.

Selle tulemusel sõid tema ja Eelija ning ta kodakondsed palju päevi, aga jahu ei lõppenud vakast ega õli kruusist (1. Kuningate 17:15-16). Siin tähistab peotäie jahu ja kruusis oleva õli mitte otsa lõppemine loomistöö sündimist.

Moosese kaudu sündinud loomisteod

2. Moosese 15:22-23 näeme me, et Iisraeli lapsed läbisid Punase mere ja jõudsid kõrbesse. Kolm päeva möödus, ent nad ei leidnud vett. Nad leidsid vee Maara nimelisest kohast, kuid see oli mõru ja ei olnud joogikõlbulik. Siis nad hakkasid valju häälega nurisema.

Siis palus Mooses Jumalat ja Jumal näitas talle ühte puud. Kui Mooses viskas puu vette, muutus vesi magedaks ja joodavaks. See ei sündinud seetõttu, et puu oleks sisaldanud mingeid elemente, mis suutsid veest mõru maitse eemaldada. Jumal demonstreeris loomistööd, mis sai ilmsiks Moosese usu ja kuulekuse kaudu.

Muani joogiveevõtukoht

Muani Manmini kogudus kogeb loomistööd

Jumal demonstreerib meile ikka ka tänapäeval loomistööd. Muani joogivesi on üks niisugune tegu. 4. märtsil, 2000. aastal ma palvetasin Söulis, et Muani Manmini koguduse soolvesi muutuks joogiveeks ja koguduseliikmed kinnitasid, et palvele vastati järgmisel päeval, 5. märtsil.

Muani Manmini kogudus asub keset merd ja nad said kaevust vaid merevett. Nad pidid joogivett saama toru abil, 3 km kauguselt. See oli neile väga ebamugav.

Muani Manmini koguduseliikmetele meenus 2. Moosese raamatus kirjeldatud Maara sündmus ja nad palusid minult usupalvet, et soolvesi muutuks mageveeks. Ma palvetasin 21. veebruarist alates kümnepäevase mägedes tehtud palve ajal Muani Manmini koguduse eest. Ka Muani Manmini koguduseliikmed paastusid ja palvetasid samamoodi.

Mägedes tehtud palve ajal keskendusin ma ainult palvetele ja Jumala Sõnale. Mu jõupingutused ja Muani Manmini koguduseliikmete usk vastasid Jumala õiguse tingimustele ja ilmnes väga hämmastav loomistegu.

Vaimusilmadega saab näha Jumala aujärjelt alla tulevat valguskiirt, mis tuleb ülevalt kaevus oleva toru lõpuni alla, seega kui soolvesi läbib selle kiire, muutub see joogiveeks.

Kuid see Muani joogivesi ei ole lihtsalt joodav. Kui inimesed joovad või kasutavad seda usus, saavad nad oma usu kohaselt jumaliku tervenemise ja probleemide lahendused. On arvukaid tunnistusi niisugustest Muani joogivee kaudu sündinud tegudest ja paljud inimesed külastavad kogu maailmast seda Muani Manmini koguduse kaevu.

Ameerika Ühendriikide Toiduainete ja Ravimiamet testis Muani joogivett ja selle ohutust ja häid omadusi kinnitati viies kategoorias: mineraalained, raskemetallide sisaldus, keemilised jääkained, nahareaktsioon ja toksilisus katsehiirel. See oli äärmiselt mineraalirohke ja selle kaltsiumisisaldus oli üle kolme korra suurem kui muul kuulsal mineraalveel Prantsusmaal ja Saksamaal.

Toiduainete ja Ravimiameti FDA testimistulemused

2. Elu valitsemine

Neljanda mõõtme ruumis, millel on neljanda taeva iseloomulikud omadused, võib surnut elustada või elusat suretada. See kehtib kõige kohta, milles on elu, olgu need kas taimed või loomad. See puudutas Aaroni haljendavat keppi. See kattus neljanda mõõtme ruumiga. Seega, päevavanune kuiv kepp tärkas ja hakkas haljendama, sellele tekkisid õied ja see kandis küpseid mandleid. Matteuse 21:19 ütles Jeesus viljatule viigipuule: „Ei tule sinust enam iialgi vilja." Ja viigipuu kuivas otsekohe ära. Seegi sündis, kuna neljanda mõõtme ruum kattis seda.

Johannese 11. peatükis lugesime me, kuidas Jeesus äratas neli päeva surnud ja lehkava Laatsaruse ellu. Laatsaruse puhul ei pidanud vaid ta hing naasma, aga ka juba kõdunenud ihu tuli täiesti uuendada. See oli füüsiliselt võimatu, aga ta ihu võis neljanda mõõtme ruumis hetkega taastuda.

Manmini Keskkoguduses kaotas Keonwi Parki nimeline vend ühest silmast täiesti nägemise, ent ta nägemine taastus. Talle tehti kolmeaastaselt silmakatarakti lõikus. Sellele järgnesid komplikatsioonid ja tal oli tugev uveiit ja võrkkesta irdumine. Kui võrkkest irdub, ei saa korralikult näha. Lisaks oli tal veel phthisis bulbi ehk silmamunade kahanemine. Lõpuks kaotas ta 2006. aastal vasakust silmast täielikult nägemise.

Aga 2007. aasta juulis sai ta minu palve kaudu nägemise tagasi. Ta vasak silm ei suutnud isegi valgust tunnetada, aga praegu ta suudab näha. Kahanenud silmamuna muutus ka tavasuurusse tagasi.

Ka parem silm nägi halvasti, 0,1 skaalal, kuid see paranes 0,9 peale. Tema tunnistust tutvustati kõigi meditsiiniliste ja haigladokumentidega 5. rahvusvahelisel kristlike meedikute konverentsil, mis toimus Norras. Konverentsil osales 220 meditsiinitöötajat 41 maalt. See juhtum valiti välja kõige huvitavamaks muude esitatud juhtumite seast.

Sama võib juhtuda muude kudede või närvidega. Isegi kui närvid või rakud on surnud, võib neid uuesti normaalseks muuta, kui neljanda mõõtme ruum katab neid. Füüsilistest puuetest võib samuti neljanda mõõtme ruumis terveneda. Neljanda mõõtme ruumis saab terveneda ka muudest pisikute või viiruste põhjustatud haigustest nagu AIDS'ist, tuberkuloosist, külmetusest või palavikust.

Niisugusel juhul tuleb Püha Vaimu tuli alla ja põletab pisikud või viirused. Ja kahjustatud koed taastuvad neljanda taeva ruumis ning tervenemine on täielik. Isegi viljatusprobleemi puhul, kui problemaatiline organ või ihuliige fikseerida neljanda mõõtme

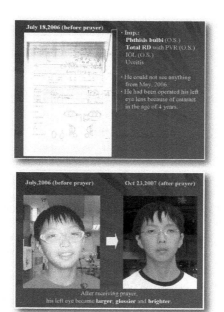

Gunwui Park juhtum, mis esitati WCDN'i 5. konverentsil

ruumis, võidakse last saada. Selleks, et me terveneksime Jumala väega neljanda mõõtme ruumis haigustest või tõbedest, tuleb meil vastata Jumala õiguse tingimustele.

3. Aja- ja ruumivälised teod

Neljanda mõõtme ruumis aset leidvad väeteod ilmnevad aja- ja ruumiväliselt, sest kogu ruumi väljaspool neljanda mõõtme ruumis sisalduvad kõik muud mõõtmed. Laulus 19:4 öeldakse: „Üle kogu ilmamaa käib nende kõla, maailma otsani nende sõna..." See tähendab, et neljandas taevas elava Jumala sõnad jõuavad maailma otsani.

Isegi selle esimese, füüsilise taeva suure vahemiku kaks punkti on nagu neljanda ruumi mõistes otse teineteise kõrval olevad. Valgus liigub ümber maa seitse ja pool korda sekundis. Aga Jumala väe valgus võib hetkega isegi universumi lõppu jõuda. Seega, füüsilise maailma kaugusel ei ole neljanda mõõtme ruumis mingit tähendust ega piiranguid.

Matteuse 8. peatükis palus väepealik, et Jeesus teeks ta teenri terveks. Jeesus lubas ta koju minna ja väepealik ütles: „Ei, Isand, ma ei ole seda väärt, et Sina mu katuse alla tuleksid. Ütle ainult üks sõna ja mu teener paraneb!" Seega, Jeesus ütles: „Mine! Nagu sa oled uskunud, nõnda sündigu sulle" ja ta sulane sai selsamal hetkel terveks.

Kuna Jeesuse valduses on neljanda taeva ruum, tervenes kaugel asuv haige lihtsalt Jeesuse käsu peale. Väepealik sai niisuguse õnnistuse, sest ta osutas täiuslikku usku Jeesusesse. Lisaks, Jeesus kiitis väepealiku usku sõnadega: „Tõesti, ma ütlen teile, nii suurt usku ei ole ma leidnud Iisraelis ühelgi!"

Isegi tänapäeval näitab Jumal Temaga täiusliku usuga ühendatud lastele aja- ja ruumiväliseid väetegusid.

Cynthia suri Pakistanis kõhuõõne haigusesse. Lysanias suri Iisraelis viirusnakkusesse. Aga nad tervenesid aja- ja ruumivälise palveväega. Robert Johnson Ameerika Ühendriikides sai samuti aja- ja ruumivälise palveväega terveks. Ta Achilleuse kõõlus oli katki ja ta ei saanud tugeva valu tõttu käia. Ta taastus täiesti igasuguse meditsiinilise ravita, vaid aja- ja ruumivälise palveväega. See on neljanda mõõtme ruumis ilmeva palveväe töö.

Palverätikute kaudu aset leidvad erakordsed teod on samuti aja- ja ruumivälised. Palverätikus olev vägi ei kao isegi aja möödudes, nii kaua kui selle rätiku omanik on Jumala silmis õige. Seega, palverätik, mille eest on palvetatud, on väga hinnaline, sest see võib avada neljanda mõõtme ruumi kõikjal.

Aga kui palverätikut ebajumalikult ja usuta kasutada, ei toimu Jumala tööd. Mitte vaid see, kes palvetab palverätikuga, vaid ka see, kelle eest palvetatakse, peab õigusega kooskõlas olema. Ta peab kahtlusteta uskuma, et palverätik sisaldab Jumala väge.

Vaimumaailmas toimub kõik punktipealt ja täpselt õiguse järgi. Seega, palvetava isiku usku ja palve objektiks oleva isiku usku mõõdetakse täpselt ja Jumala töö ilmneb selle kohaselt.

4. Vaimse ruumi kasutamine

Joosua 10:13 öeldakse: „Ja päike püsis paigal ning kuu jäi seisma..."
See sündis, kui Joosua oli Kaananimaa vallutamise ajal amorlastega lahingus. Kuidas võib aeg esimese taeva päeva ajal peatuda? Päev on ajavahemik, mille vältel maa pöörleb ümber oma telje. Seega, aja peatumiseks peab maa pöörlemine peatuma. Aga kui maa pöörlemine peatub, avaldab see katastroofilist mõju mitte ainult maale, vaid ka paljudele muudele taevakehadele. Seega, kuidas võib aeg peaaegu päevaks peatuda? See ei olnud võimalik üksnes maa tõttu, vaid kuna kõik esimeses taevas olev oli vaimumaailma ajakulus. Teise taeva ajakulg on esimese taeva omast kiirem ja kolmanda taeva oma on teise taeva omast kiirem. Aga neljanda taeva ajakulg võib muude taevaste omast kiirem või aeglasem olla. Teiste sõnadega, neljanda taeva ajakulg võib Jumala südames oleva kavatsuse kohaselt vabalt varieeruda. Jumal võib ajakulgu pikendada, lühendada või peatada. Joosua puhul oli kogu esimene taevas kaetud neljanda taeva ruumiga ja aega pikendati nii nagu vaja. Piiblis on veel üks juhtum, kus oli tegu lühendatud ajakuluga. See juhtus, kui Eelija jooksis 1. Kuningate 18. peatükis kuninga kaarikust kiiremini. Lühendatud ajakulg on pikendatud ajakulu vastand. Eelija jooksis lihtsalt oma kiirusega, aga kuna ta oli lühendatud ajakulus, suutis ta kuninga kaarikust kiiremini joosta. Loomistööd, surnute elustamine ja aja- ja ruumivälised teod sünnivad peatunud ajakulus. Sellepärast sünnib teatud tegu füüsilises maailmas otsekohe pärast käsklust või sellele südames mõtlemist.

Vaatleme Filippuse „teleportatsiooni" laadset juhtumit Apostlite tegude 8. peatükis. Püha Vaim juhatas ta Jeruusalemmast Gazasse viival teel Etioopia eunuhhiga kohtuma. Filippus kuulutas talle Jeesuse Kristuse evangeeliumi ja ristis teda veega. Siis ilmus Filippus äkki välja Asdodi nimelises linnas. See oli otsekui „teleportatsioon."
Niisuguse teleportatsiooni aset leidmiseks tuleb läbida vaimne kanal, mis moodustub neljanda mõõtme ruumis, kus on neljanda taeva iseloom. Selles kanalis on ajakulg peatunud ja sellepärast võib

inimene otsekohe kaugele liikuda.

Kui seda vaimset kanalit kasutada saab, võib isegi ilmastikutingimusi valitseda. Näiteks, oletage, et on kaks kohta, kus inimesed kannatavad ühes kohas põua ja teises uputuse tõttu. Kui üleujutuse vihma saaks saata põuapaika, laheneks mõlema koha probleem. Isegi taifuunid või orkaanid liiguvad vaimsete kanalite kaudu asustamata kohta ja ei tekita probleeme. Kui vaimset ruumi kasutada, ei saa valitseda mitte vaid taifuune, aga ka vulkaanipurskeid ja maavärinaid. Me saame katta vulkaani või värinakoha vaimse ruumiga.

Kuid kõik see on võimalik ainult siis, kui see on Jumala õigusele vastavalt kohane. Näiteks, kogu riiki mõjutava loodusõnnetuse peatamiseks on kohane, et selle riigi juhid paluvad palvet. Samuti, isegi kui vaimne ruum moodustub, ei saa me täiesti esimese taeva õiguse vastu minna. Vaimse ruumi mõju on piiratud määral, mil esimeses taevas ei teki pärast vaimse ruumi tõusemist kaost. Jumal valitseb oma väega kõiki taevaid ja Ta on armastuse ja õiguse Jumal.

(Lõpp)

Autor:
Dr Jaerock Lee

Dr Jaerock Lee sündis 1943. aastal Muanis, Jeonnami provintsis, Korea Vabariigis. Kahekümnesena oli Dr Lee mitmete ravimatute haiguste tõttu seitse aastat haige ja ootas surma ilma paranemislootuseta. Kuid õde viis ta ühel 1974. aasta kevadpäeval kogudusse ja kui ta põlvitas, et palvetada, tervendas elav Jumal ta kohe kõigist haigustest.

Hetkest kui Dr Lee kohtus selle imelise kogemuse kaudu elava Jumalaga, on ta Jumalat kogu südamest siiralt armastanud ja Jumal kutsus ta 1978. aastal end teenima. Ta palvetas tuliselt, et ta võiks Jumala tahet selgelt mõista ja seda täielikult teha ning kuuletuda kogu Jumala Sõnale. 1982. aastal asutas ta Manmini koguduse Seoulis, Lõuna-Koreas ja tema koguduses on aset leidnud arvukad Jumala teod, kaasa arvatud imepärased tervenemised ja imed.

1986. aastal ordineeriti Dr Lee Korea Jeesuse Sungkyuli koguduse aastaassambleel pastoriks ja neli aastat hiljem – 1990. aastal, hakati tema jutlusi edastama Austraalia, Venemaa, Filipiinide ülekannetes ja paljudes muudes kohtades Kaug-Ida ringhäälingukompanii, Aasia ringhäälingujaama ja Washingtoni kristliku raadiosüsteemi vahendusel.

Kolm aastat hiljem, 1993. aastal, valis Christian World (Kristliku maailma) ajakiri (USA) Manmini Keskkoguduse üheks „Maailma 50 tähtsamast kogudusest" ja Christian Faith College (Kristlik Usukolledž), Floridas, USA-s andis talle Teoloogia audoktori tiitli ja 1996. aastal sai ta Ph.D. teenistusalase kraadi Kingsway Teoloogiaseminarist Iowas, USA-s.

1993. aastast alates on Dr Lee juhtinud maailma misjonitööd, viies läbi palju välismaiseid krusaade Tansaanias, Argentinas, L.A.-s, Baltimore City's, Havail ja New York City's USA-s, Ugandas, Jaapanis, Pakistanis, Kenyas, Filipiinidel, Hondurasel, Indias, Venemaal, Saksamaal, Peruus, Kongo Rahvavabariigis, Iisraelis ja Eestis.

2002. aastal kutsuti teda Korea peamistes kristlikes ajalehtedes tema väelise teenistuse tõttu erinevatel väliskoosolekusarjadel „ülemaailmseks äratusjutlustajaks." Ta kuulutas julgelt, et Jeesus Kristus on Messias ja Päästja eriti „New Yorki 2006. aasta koosolekusarja" käigus, mis toimus maailma kuulsaimal laval Madison Square Gardenis ja mida edastati 220 riiki ja Jeruusalemma rahvusvahelises koosolekukeskuses toimunud „2009. aasta Iisraeli ühendkoosolekute sarja" käigus.

Tema jutlusi edastatakse 176 riiki satelliitide kaudu, kaasa arvatud GCN TV ja ta kuulus Venemaa populaarse kristliku ajakirja In Victory (Võidukas) ja uudisteagentuuri Christian Telegraph (Kristlik Telegraaf) sõnul 2009. ja 2010. aastal oma vägeva teleedastusteenistuse ja välismaiste koguduste pastoriks olemise tõttu kümne kõige mõjukama kristliku juhi sekka.

2019. aasta veebruaris alates koosneb Manmini Keskkogudus rohkem kui 130 000 liikmest. Kogudusel on 11000 sisemaist ja välismaist harukogudust, mille hulka kuuluvad 56 kodumaist harukogudust ja praeguseni on sealt välja lähetatud rohkem kui 99 misjonäri 27 maale, kaasa arvatud Ameerika Ühendriigid, Venemaa, Saksamaa, Kanada, Jaapan, Hiina, Prantsusmaa, India, Kenya ja paljud muud maad.

Tänaseni on Dr Lee kirjutanud 115 raamatut, kaasa arvatud bestsellerid Tasting Eternal Life before Death (Maitsedes igavest elu enne surma), My Life My Faith I & II (Minu elu, minu usk I ja II osa), The Message of the Cross (Risti sõnum), The Measure of Faith (Usu mõõt), Heaven I & II (Taevas I ja II osa), Hell (Põrgu) ja The Power of God (Jumala vägi) ja tema teosed on tõlgitud enam kui 75 keelde.

Tema kristlikud veerud ilmuvad väljaannetes The Hankook Ilbo, The JoongAng Daily, The Chosun Ilbo, The Dong-A Ilbo, The Hankyoreh Shinmun, The Seoul Shinmun, The Kyunghyang Shinmun, The Korea Economic Daily, The Shisa News ja The Christian Press.

Dr Lee on praegu mitme misjoniorganisatsiooni ja-ühingu asutaja ja president, kaasa arvatud The United Holiness Church of Korea (Korea Ühendatud Pühaduse Koguduse) esimees; The World Christianity Revival Mission Association (Ülemaailmse Kristliku Äratusmisjoni Liidu) asutaja; Global Christian Network (GCN) (Ülemaailmse Kristliku Võrgu CGN) asutaja ja juhatuse esimees; The World Christian Doctors Network (WCDN) (Ülemaailmse Kristlike Arstide Võrgu WCDN) asutaja ja juhatuse esimees; Manmin International Seminary (MIS) (Manmini Rahvusvahelise Seminari MIS) asutaja ja juhatuse esimees.

Taevas I & II

Üksikasjalik ülevaade taevakodanike toredast elukeskkonnast keset Jumala au ja taevariigi eri tasemete ilus kirjeldus.

Risti Sõnum

Võimas äratussõnum kõigile, kes on vaimses unes! Sellest raamatust leiate te põhjuse, miks Jeesus on ainus Päästja ja tõeline Jumala armastus.

Põrgu

Tõsine sõnum kogu inimkonnale Jumalalt, kes soovib, et ükski hing ei sattuks põrgu sügavustesse! Te leiate mitte kunagi varem ilmutatud ülevaate surmavalla ja põrgu julmast tegelikkusest.

Vaim, Hing ja Ihu I & II

Teatmik, kust saab vaimse arusaama vaimu, hinge ja ihu kohta ja mis aitab meil avastada oma „mina", milleks meid tehti, et me saaksime pimeduse võitmiseks väe ja muutuksime vaimseks inimeseks.

Usumõõt

Missugune elukoht, aukroon ja tasu on sulle Taevas valmistatud? Sellest raamatust saab tarkust ja juhatust usu mõõtmiseks ja parima ning kõige küpsema usu arendamiseks.

Ärka, Iisrael

Miks on Jumal pidanud Iisraeli maailma algusest kuni tänapäevani silmas? Missugune Jumala ettehoole on lõpuajaks valmistatud Iisraelile, kes ootab Messiase tulekut?

Minu Elu ja Mu Usk I & II

Kõige hõrgum vaimne lõhn, mis tuleb Jumala armastusega õilmitsevast elust keset süngeid laineid, külma iket ja sügavaimat meeleheidet.

Jumala Vägi

Kohustuslik kirjandus, mis on vajalik juhis tõelise usu omamiseks ja Jumala imelise väe kogemiseks.

Milton Keynes UK
Ingram Content Group UK Ltd.
UKHW020649201123
432908UK00019B/2420